Recetas caseras

La cocina
de todos los días

Recetas caseras

La cocina
de todos los días

everest

Dirección editorial: Raquel López Varela
Coordinación editorial: Ángeles Llamazares Álvarez

Fotografías: Imagen MAS: 10, 12, 13, 21 dcha., 26, 27, 30, 32, 41, 42, 44, 50
dcha., 61, 73, 74, 76, 81, 88, 93, 94 abajo, 101, 103, 105, 106, 107, 109, 113, 116,
141, 142, 149, 152, 156, 157, 159, 160, 162, 165, 171, 172 arriba, 177, 187, 189,
192, 193, 195, 204, 209, 218, 223, 224, 225, 231, 233, 241, 248, 252, 253, 259;
Thema: 72, 99; Carlos Contreras: 51, 150; Agustín Berrueta: 33; www.123rf.
com: 8, 9, 10, 18, 19, 21 izq., 22, 23 arriba, 28, 37, 39, 40, 48, 50 izq., 52, 54, 59,
67, 68, 69, 70, 71, 75, 80, 82, 83 dcha., 90, 91, 94 arriba, 98, 100, 104 abajo, 111,
122, 123, 124 izq., 130, 131, 132, 134, 144, 168, 172 abajo, 173, 181, 182, 183,
185, 190, 203, 210, 216, 219, 221, 227, 228, 232, 234, 236, 243, 245, 250, 257, 260,
261 arriba; Mikel Alonso: 29, 79, 88, 118, 129, 147, 148, 154, 169, 196, 206 izq.;
Miguel Raurich: 71; Sacha Omaechea: 129, 155, 220, 237; Joan Llenas: 121;
Juan Antonio Gómez: 53, 217; Trece por Dieciocho: 11, 17, 20, 23 abajo, 37 abajo,
49, 63, 102, 104 arriba, 108, 110, 124, 136, 143, 144, 145, 146, 151, 153, 158, 163,
166, 176, 178, 179, 180, 182, 186, 188, 199, 201, 206 dcha., 207, 238, 244, 247, 251,
256, 261; Agustín Sagasti: 38, 68 arriba, 167, 249; Photodisc: 83 izq., 262

Diseño de interior y cubierta: Maite Rabanal
Maquetación: Carmen García Rodríguez, Mercedes Fernández,
Javier Robles Robles, Patricia Martínez Fernández

© EDITORIAL EVEREST, S. A.
Carretera León-La Coruña, km 5 - LEÓN
ISBN: 978-84-441-2006-5
Depósito Legal: LE: 1128-2011
Printed in Spain - Impreso en España

EDITORIAL EVERGRÁFICAS, S. L.
Carretera León-La Coruña, km 5
LEÓN (ESPAÑA)

www.everest.es
Atención al cliente: 902 123 400

Índice

Guarniciones

Alcachofas
fritas

Alcachofas
Sal
Zumo de limón
Harina
Huevo
Aceite de oliva

- Limpiar las alcachofas y retirarles las hojas duras y el rabito. Lavarlas y cocerlas en agua con sal y zumo de limón.
- Una vez cocidas escurrirlas bien, rebozar en harina y huevo y freír.

Calabacines
fritos

Calabacines
Sal
Pimienta
Huevo
Pan rallado
Aceite de oliva

- Limpiar los calabacines, cortarlos en rodajas y sazonarlos de sal y pimienta.
- Tras rebozarlos en huevo y pan rallado, freírlos en aceite bien caliente y servirlos recién hechos.

Champiñones
al vino de Madeira

Resulta ideal para acompañar un rosbif o una carne asada a la sal.

Champiñones
Cebollitos
Mantequilla
Harina
Caldo de ave
Vino de Madeira

- Poner al fuego 30 g (1 oz) de mantequilla y, una vez fundida, incorporarle 3 cs de harina. Remover rápidamente para evitar que se formen grumos.

- Cuando la mezcla ha adquirido un color dorado, diluirla en 1/4 l (9 fl oz) de caldo caliente y seguir removiendo hasta que esté ligeramente espesa.

- Añadir entonces los champiñones limpios y cortados en rodajitas, pasados antes por la sartén con 70 g (2,4 oz) de mantequilla y 10 cebollitas pequeñas, más el vino de Madeira. Dejar cocer hasta que la salsa haya espesado por completo.

Coliflor
rebozada

Coliflor
Harina
Huevo batido
Aceite de oliva
Sal

Simplemente cocida con patatas y aliñada con un refrito de ajos resulta un plato delicioso.

- Cocer los ramitos de la coliflor en agua y sal (es mejor dejarlos un poco grandes y cortarlos después de cocidos, para que no se deshagan), procurando que queden al dente.

- Escurrirlos bien, para lo cual es bueno ponerlos sobre un paño blanco. Una vez al dente, pasarlos por harina y huevo batido y freírlos en abundante aceite.

Patatas
al queso

Patatas
Sal
Unas lonchas de queso
(*mozzarella* u otro
de nuestra elección)

- Pelar las patatas, cortarlas en rodajas no muy gruesas y cocerlas en agua con sal. Una vez cocidas, retirarlas del agua, escurrirlas bien y poner sobre cada rodaja de patata una loncha de queso que funda bien (puede ser *mozzarella*), tapar con otra rodaja de patata y llevar al horno ya caliente hasta que funda el queso. Retirar del horno y cortar en cuadraditos.

Patatas
al vapor

Patatas
Sal
Mantequilla
Perejil picado

- Son patatas cocidas sobre un cestillo, en una cazuela con agua y sal en ebullición, pero sin que el agua toque las patatas. Pueden servirse rehogadas en mantequilla y con perejil picado por encima, o bien solo con el perejil.

- También pueden servirse cocidas y presentadas de la misma forma.

Puré
de castañas

Unas castañas
Sal

- Pelar las castañas quitándoles la piel dura de fuera. Escaldarlas y retirarles también la piel fina.
- Cocerlas peladas en agua con un poquito de sal y pasarlas por el pasapurés.

Puré
de manzana

2 o 3 manzanas
Azúcar

- Pelar las manzanas y cortarlas en trocitos pequeños. Ponerlas a cocer en algo de agua y un poquito de azúcar.
- Si el agua fuera escasa y no diera tiempo a que las manzanas quedaran bien cocidas, se le puede añadir el que necesite.
- Cuando las manzanas están blanditas, revolver con cuchara de madera de forma que se deshagan y quede hecho un puré.

Puré
duquesa

1 kg (2,2 lb) de patatas
2 yemas
50 g (1,8 oz) de mantequilla
Sal
Pimienta

- Cocer las patatas sin pelar en agua con sal. Recién cocidas, pelarlas y hacerlas puré.
- Mezclar el puré con la mantequilla, las yemas y la pimienta. Dejar enfriar.
- Llenar con el puré una manga pastelera y, sobre una bandeja de hornear previamente engrasada, ir formando copos. Pintarlos después con huevo y dorarlos en el horno.
- Si se quiere presentar un plato de fiesta o para invitados, como por ejemplo el «turnedó de solomillo al oporto», se puede poner una trufa cortada en juliana por encima del puré.

Aperitivos

y entrantes

Bocaditos
de jamón sorpresa

2 envases de puré
de patatas en copos
50 g (1,8 oz) de mantequilla
1 l (34 fl oz) de leche
Sal
Pimienta
Orégano al gusto
2 yemas
2 o 3 lonchas de jamón cocido
(el número depende de
la cantidad de bocaditos)
Queso de barra
Tomate fresco o de bote

- Preparar un puré espeso con la leche, la mantequilla y los copos de patata; luego, salpimentar al gusto y añadir las yemas. Dejar que enfríe un poco.

- Con la mitad del puré, hacer cuadraditos de 3 cm (1,18 pulgadas) de lado, y colocar encima de cada uno de ellos un cuadradito de jamón cocido del mismo tamaño, tapar con otra mitad de puré y alisar con la espátula. Disponer sobre todo esto una loncha de queso y, después, un trocito de tomate (o untar, si es de bote, con tomate frito). Espolvorear de orégano y acondicionar en una fuente de horno previamente untada de mantequilla.

- Hornear a temperatura moderada hasta que se derrita el queso y, ya fuera del horno, distribuir por encima el huevo duro picado.

Canapés
de queso y nuez

Mantequilla
Nuez
Quesa rallado
Pan de molde

- Cortar el pan de molde con un cortapastas, untar de mantequilla los trozos y espolvorear de queso.

- Poner media nuez encima y presentar tras dejarlos unos minutos a horno fuerte.

Contigo
pan y cebolla

Manipulamos los ingredientes de este dicho popular, realzando su modesto linaje en un apetecible bocado.

Pan
Cebolla

- Cortar unas rebanadas de pan de molde de forma circular con la boca de un vaso, ponerles encima una rodaja fina de cebolla y dorar al horno.

- Retiramos una vez doradas. Sobre la cebolla, depositar 1 ct de mahonesa.

Croquetas
de pollo

1 pechuga de pollo
¼ l (9 fl oz) de leche
40 g (1,4 oz) de mantequilla
3 cs de harina
1 huevo
Pan rallado
Aceite
Sal

- Freír la pechuga de pollo en una sartén con aceite caliente, y una vez hecha, picar en trozos pequeños.

- En otro recipiente, poner la mantequilla, y cuando esté derretida, añadir lentamente la harina removiendo sin parar.

- Agregar la leche a esta mezcla muy despacio, sin dejar de remover con una cuchara de madera.

- Cocer durante 10 min, salar e incorporar la pechuga de pollo picada.

- Pasar la masa resultante a una fuente y dejar enfriar.

- Tomar un poco de masa, dar forma y pasar por el pan rallado, por el huevo batido y otra vez por el pan rallado.

- Freír en aceite muy caliente.

¡Qué ricas las croquetas de toda la vidad, las de nuestras madres y abuelas! Perfectas, todas iguales entre sí y siempre en su punto.

Dátiles
rellenos

Pueden prepararse de diversos modos:

Dátiles
Jamón serrano

1 Quitar los huesos de los dátiles con mucho cuidado y rellenarlos de jamón. Depositar entonces unas hebras de huevo hilado sobre la abertura.

Coñac
Nuez
Azúcar glas

2 Retirar el hueso y poner a macerar en un poco de coñac. Rellenar al instante con nueces peladas y troceadas y envolver en azúcar glas.

Almendras

3 Eliminar el hueso y rellenar con almendras tostadas.

Beicon

4 Prescindir del hueso y rellenar, o envolver, con beicon ahumado. En lugar de beicon, se les puede poner jamón serrano.

Esferitas
sorpresa

¾ kg (26,5 oz) de carne picada
½ tacita de harina de avena
1 cebolla pequeña
1 cs de perejil picado
Nuez moscada
Jerez
2 huevos
3 tostadas de pan de molde,
sin corteza
Huevos para rebozar
Aceitunas rellenas
Queso en porciones
Pan rallado
4 pepinos
Aceite, sal y pimienta
Zumo de limón

- Mezclar en un bol la carne picada con la harina de avena, la cebolla picada muy fina, el perejil y las tostadas de pan de molde sin corteza, previamente remojadas en jerez, exprimidas y deshechas. Condimentar con sal, pimienta y nuez moscada e incorporar dos huevos batidos.

- Tomar porciones no muy grandes, darles forma de bola y depositar en el centro de cada una un dadito de queso y una aceituna. Cerrar moldeando bien la bola de modo que queden dentro el queso y la aceituna, pasarlas por huevo batido y pan rallado y freír en abundante aceite caliente. Retirarlas cuando estén doraditas y bien hechas por dentro.

- Pelar los pepinos, cortarlos en rodajas finas y dejarlos en agua con sal durante 30 min. Tras lavarlos y escurrirlos, ponerlos como guarnición adornando la fuente, regándolos a su vez con aceite y zumo de limón.

Espárragos
envueltos

Espárragos
Jamón de York
Mahonesa
Huevo hilado

- Lo mejor son puntas de espárragos; si son enteros, se cortan en dos o tres trozos, según tamaño.
- Cortar tiras de jamón de York del tamaño de los espárragos. Untar aparte el jamón con mahonesa y envolver el espárrago.
- Presentar el conjunto adornado con huevo hilado.

Mejillones
envueltos

Mejillones
Beicon
Huevo
Pan rallado
Queso rallado

- Limpiar y lavar los mejillones, separándolos de las conchas. Envolver en una tira de beicon, pinchar con un palillo y rebozar en huevo y pan rallado mezclado con queso rallado. Freír en abundante aceite muy caliente.

Patatas
bravas

Patatas
Aceite
Vinagre
Ajo
Pimentón picante
Perejil picado

- Lavar bien las patatas, cortar en rodajas y cocer con su piel en agua con sal. Pelar y acomodar en una fuente.
- Preparar una salsa con aceite crudo, vinagre, ajo machacado y un poco de pimentón picante y regar por encima de las patatas.
- Darles un ligero espolvoreo de perejil picado.

Pinchitos
de plátano y jamón

Plátano
Pan de molde
Jamón

- Pinchar una rodajita gorda de plátano duro, otra de pan de molde y otra de jamón con un palillo. Freír en aceite muy caliente y dejar listos los pinchitos.

Rollitos
de huevo hilado

Unas lonchas de jamón de York
Huevo

- Extender varias lonchas de jamón de York, no demasiado finas, cubrirlas con huevo hilado y enrollarlas.
- Cortar las lonchas de jamón en trozos pequeños y colocar en una fuente.

Salmón
marinado

Salmón ahumado
Aceite de oliva
Limón
Unas ramitas de perejil

- Poner unas lonchas muy finas de salmón ahumado, regar con aceite de oliva y adornar con unas rodajitas de limón muy finas y unas ramitas de perejil.

Tartaletas

Pasta quebrada

Relleno:
Ensaladilla rusa
Gambas con mahonesa
Bonito con huevo duro picado

- Elaborar una pasta quebrada (véase la página 55) y forrar con ella unos moldes de tartaletas. Llenar los moldes con habas o garbanzos y dorar al horno. Cuando las habas estén en su punto, retirar y rellenarlas con ensaladilla rusa, gambas con mahonesa, bonito y huevo duro, etc.

- Las tartaletas se pueden preparar con tiempo, incluso hacer unas cuantas cada día. Se pasan a una bolsa de plástico o una caja de nevera y se conservan en el congelador.

El rellenar las tartaletas con habas o garbanzos es para evitar que se deformen.

Tomates
rellenos

Tomates
Bonito
Huevo cocido

- Los tomates han de ser muy frescos, de textura dura.

- Trocear los tomates a la mitad (quedan muy vistosos cortados en zigzag, formando pinchos), quitarles la pulpa con una cucharilla (esto se puede aprovechar después para añadir a una salsa de tomate) y rellenar con una pasta de bonito con huevo cocido.

- Encima, como adorno, ponerles una aceituna o un poquito de salsa mahonesa ligeramente espesa.

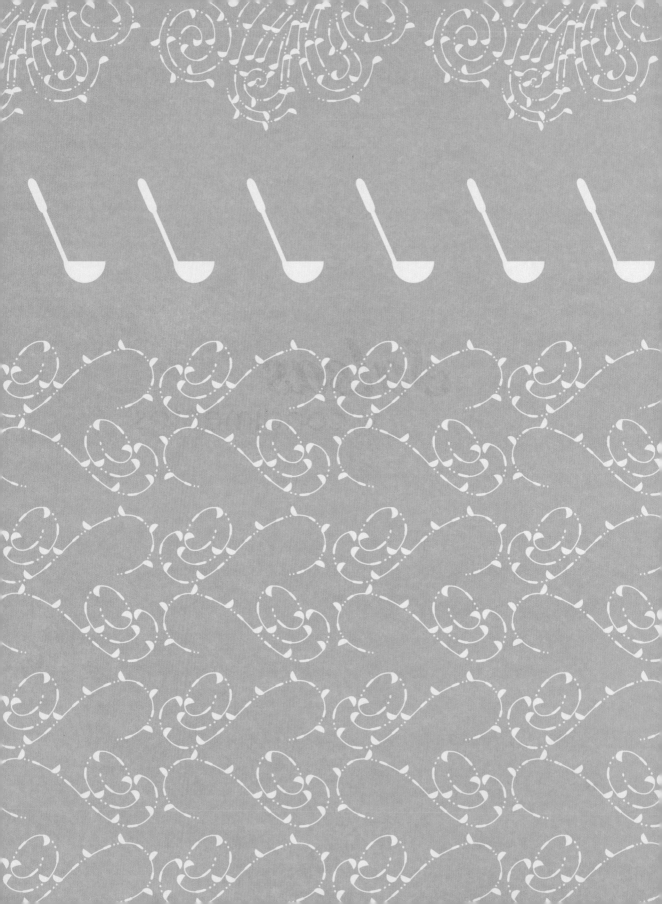

Salsas
y condimentos

Salsa alioli

2 yemas de huevo
6 dientes de ajo
3 cs de zumo de limón
Aceite de oliva
Sal

- Pelar los dientes de ajo, picar en un mortero y machacar bien.
- Añadir a las yemas y remover lentamente para que se unan; mientras tanto, echar aceite poco a poco.
- Añadir el zumo de limón y una pizca de sal al gusto a esta salsa.

Salsa americana

1 copa de *brandy*
1 dl (3,4 fl oz) de aceite refinado
¼ kg (9 oz) de restos de marisco
(cabezas y pieles de gambas,
langostinos o carabineros)
1 hoja de laurel
1 ramita de tomillo
1 ramita de perejil
1 zanahoria mediana
¼ kg (9 oz) de cebolla
1 cs de harina
¾ kg (26,5 oz) de tomates
maduros

- Rehogar, en el aceite a fuego vivo, la cebolla picada y la zanahoria cortada en rodajas finas. Añadir los desperdicios de marisco e, inmediatamente, regar con el *brandy*, bajar el calor al mínimo y prender fuego. Mientras arde el coñac, mantener a fuego mínimo hasta que desaparezca la llama.
- Incorporar el laurel, tomillo, perejil y harina. Revolver luego todo a fondo y acompañar con unos tomates troceados. Tapar el recipiente y cocer 30 min a fuego suave. Sazonar con sal y pimienta (si se desea, puede ponerse un poco de pimienta de Cayena).
- Pasar la mezcla por el pasapurés o por la batidora, hasta formar una salsa bastante espesa (si quedara muy ligera, ponerla a fuego vivo para que al evaporar quede más consistente). Ha de hacerse de manera rápida y con cuidado, para que no se pegue al fondo.

Esta salsa resulta un acompañamiento ideal de pescados que tengan la carne dura, huevos, mariscos e incluso arroces. Para refinar la salsa, puede hacerse con ¼ kg [9 oz] de mantequilla o 1 dl [3,4 fl oz] de nata líquida.

Salsa bearnesa

4 yemas de huevo
½ kg (17 oz) de mantequilla
200 ml (6,7 fl oz) de vino blanco
1 rama pequeña de estragón

- Poner el vino y las hojas de estragón al fuego. Dejar reducir a la mitad. Entonces, retirar el estragón y picarlo.
- Por otro lado, diluir la mantequilla en el fuego y retirar la espuma. Poner un recipiente al baño María y batir las yemas con el vino, la sal y la pimienta en él.
- Cuando todo esté bien mezclado, añadir poco a poco la mantequilla fundida y el estragón picado.

Si quedara demasiado espesa, aligerar la salsa con algo más de leche.

Salsa besamel

1 cs de mantequilla
2 cs de harina
½ l (17 fl oz) de leche
Sal
Pimienta

- Calentar la leche hasta que comience a hervir.
- En un cazo puesto al fuego, echar la mantequilla, deshacer y agregar la harina. Dejar cocer durante 3 o 4 min; esto es muy importante para que la besamel no tenga sabor a harina.
- Mientras cuece, remover constantemente con una cuchara de madera, tratando de que no se dore. A continuación, separar del fuego, verter la leche caliente poco a poco y mover rápidamente con el batidor para que no salgan grumos.
- Cuando esté bien mezclada y fina, salpimentar, volver a poner al fuego y dejar cocer durante 15 min.

Salsa de ajo

Agua de cocer verdura
½ ct de pimentón dulce
1 cs de vinagre
3 o 4 dientes de ajo
Aceite
1 rebanada de pan
Mostaza

- Echar el pimentón dulce y el vinagre en una cantidad abundante del agua de cocer verdura.
- Dorar los dientes de ajo enteros en un poco de aceite, retirarlos después y machacarlos en el mortero. Freír también, en el mismo aceite, una rebanada de pan, y añadir el majado de los ajos y la mostaza.
- Una vez frito todo, incorporar el agua con el pimentón y 2 o 3 cs del aceite del refrito y volcar sobre la verdura. Verter otro poquito del agua de cocción de las verduras en el mortero. Aprovechar el majado que haya quedado pegado y volcarlo sobre las verduras para darle un ligero hervor al conjunto.

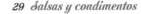

Salsa de tomate

½ kg (17 oz) de tomates maduros
6 almendras tostadas
1 cs de vinagre
2 dientes de ajo medianos
1 cs de aceite
1 cs de perejil fresco picado
Sal fina
Azúcar

- Pelar los tomates y reducir a puré con el tenedor.

- A continuación, echar en una sartén y añadir los dientes de ajo y las almendras (ambos picados), el perejil, el vinagre, el aceite, sal y un poco de azúcar.

- Hacer la salsa poco a poco a fuego bajo.

Salsa española

½ kg (17 oz) de carne de morcillo
50 g (1,8 oz) de manteca de cerdo
40 g (1,4 oz) de harina
1/2 cebolla
1 zanahoria
Laurel
Pimienta en grano
Clavo
3 vasos grandes de agua

- Poner la manteca con la cebolla cortada en trozos finos al fuego, dejar ablandar y añadir la carne cortada en trozos; dorar un poco y añadir 1 vaso grande de agua.
- Dejar cocer todo hasta que el caldo se haya consumido. Cuando el jugo esté dorado y un poco oscuro, añadir 2 vasos de agua y dejar cocer todo muy despacio para que vaya tomando color, moviendo la cazuela de vez en cuando.
- Incorporar la zanahoria, el clavo, ½ hoja de laurel y unos granos de pimienta. Espumar y dejar cocer hasta que la carne esté tierna. Sazonar con sal, retirar y pasar el jugo por el colador chino.
- Tostar la harina, añadir a la salsa y dejar hervir hasta que ligue.

Salsa holandesa

2 huevos (las yemas)
El zumo de ½ limón
125 g (4,4 oz) de mantequilla fría
Sal
Pimienta

- Echar en un cazo las yemas junto con los demás ingredientes, acercar a fuego muy suave y mantener la cocción 2 min revolviendo sin parar. Retirar la salsa del cazo nada más apartarla del fuego.

Salsa Madeira

50 g (1,8 oz) de mantequilla
50 g (1,8 oz) de harina
Sal
2 vasos de caldo de carne
1 vaso de vino de Madeira

- Colocar la mantequilla un cazo. Cuando se derrita, añadir la harina y mezclar con una cuchara de madera. Permitir que se dore ligeramente.
- Inmediatamente, añadir el caldo y, con moverlo con las varillas hasta obtener una crema; agregar el vino en ese momento y rectificar de sal.
- Dejamos cocer lentamente hasta obtener una salsa cremosa.

Salsa mahonesa

300 ml (10,6 fl oz) de aceite de
girasol
2 yemas de huevo
1/2 limón o vinagre
Sal

- Cascar los huevos y echar las yemas en un bol. Añadir vinagre y sal y batir.
- Agregar el aceite despacio cuando la mezcla vaya espesando.
- Tapar y guardar en frío.

¿Quién no ha visto alguna vez a su madre de mal humor porque se había cortado la mayonesa? Hay que perder el miedo y hacerla en casa. Son unos pocos minutos y su sabor no tiene nada que ver con las envasadas.

Salsa rosa

Mahonesa
1 cs de *brandy*
3 cs soperas de kétchup
1 cs de zumo de naranja
3 cs de nata líquida
Pimienta
Sal

- Mezclar la mahonesa con las 3 cs de kétchup, las 3 cs de nata líquida, 1 cs de *brandy*, 1 cs de zumo de naranja, la sal y la pimienta.
- Batir sin parar hasta conseguir una salsa fina y suave.

Salsa verde

½ cebolla
1 diente de ajo
Perejil
1 cs de harina
Aceite de oliva
Agua
Sal1

- Machacar en un mortero el diente de ajo y abundante perejil picado con unos granos de sal gorda.
- Echar el aceite en una cazuela y sofreír la cebolla picada fino hasta que esté blanda.
- Agregar la harina y sofreír un poco. Incorporar después el majado de ajo y perejil y un vaso y medio de agua, y dejar dar un hervor para que se mezcle todo bien.

Salsa vinagreta

15 cs de aceite de oliva
5 cs de vinagre
1 pimiento verde
1 pimiento rojo
1 cebolleta
2 huevos cocidos
Perejil
Sal
Ajo

- Batir el aceite, el vinagre y la sal hasta que alcancen una consistencia cremosa.
- Sobre esto, picar la cebolleta, los pimientos, los huevos, el ajo y el perejil en trocitos muy menudos y mezclar bien.
- Comprobar la sal.

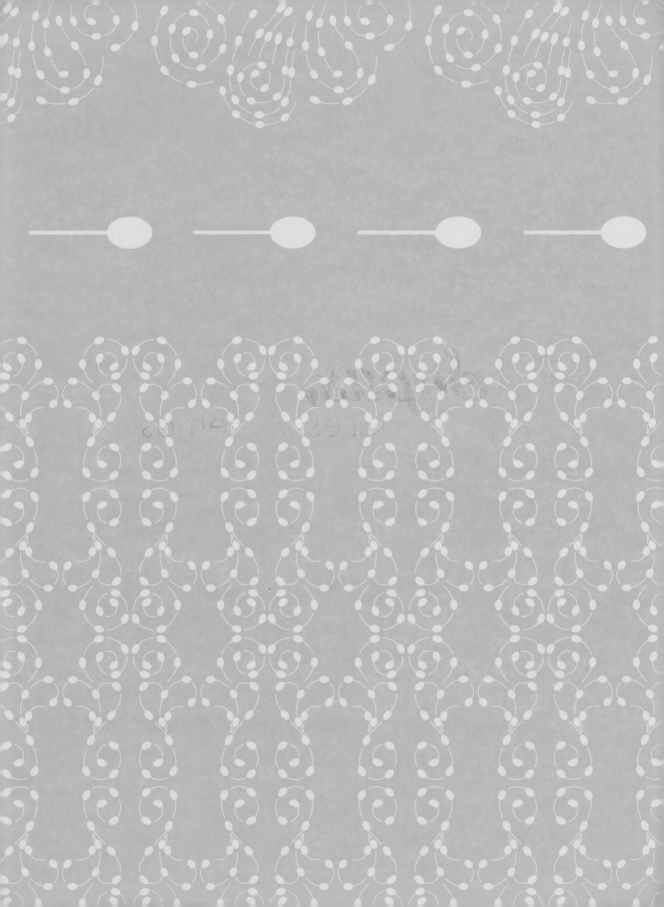

Sopas,
purés y cremas

Caldo
de gallina

½ gallina
1 rama de canela
1 hoja de laurel
1 rama de azafrán
1 clavo
Perejil
Sal

- Unir la canela, el azafrán, el clavo y el perejil en un manojo y envolver en una gasa.
- En una cazuela, echar agua abundante, sal y la hoja de laurel y poner al fuego.
- Limpiar la gallina y cortar en trozos. Introducir en la cazuela con el envoltorio de especias. Tapar y dejar al fuego 1 h.
- Pasado ese tiempo, sacar la carne y las especias de la cazuela y colar el caldo.

Caldo
gallego

- Preparar la olla mediada de agua y disponer en ella los huesos (también le va muy bien un trozo de lacón), las habas peladas (o sin pelar; para evitar gases, mejor peladas), el unto y demás gordos que se le echen. Cuidar la ebullición, para espumar el caldo. Cuanto más limpio quede de espuma, más clarificado resultará el caldo.
- Lavar bien y picar la verdura no demasiado menuda; más que picar es cortar en trozos. Agregar esta así preparada al caldo (que deberá hervir fuerte, para que resulte gordito) hasta que todo esté cocido. (El caldo suele hacerse para 2 o 3 días, resultando más rico cuanto más cocido se encuentre). Cortar las patatas en forma de dados y acompañar después a la verdura.
- El caldo de todos los días ha de hervirse, se vaya a tomar o no, para que se conserve, y no se debe revolver en frío, pues podría echarse a perder. Siempre que se quiera sacar parte de él, ha de ser en caliente.

1 hueso de caña o de rodilla
1 hueso de jamón
Unto
Admite costilla de cerdo fresca
o salada, un chorizo, tocino, etc.
Judías blancas
Patatas
Verdura: pueden ser *grelos*,
repollo, *navizas* o *xenos*

Caldo
limpio

Sobrantes de comida de carne
Huesos de caña o de rodilla
Cuello, puntas y alas de pollo
Grasa de limpiar las carnes
Piel de jamón o un poco de
tocino (opcional)

- Este caldo tiene como misión principal la confección de salsas o consomés, tras dejarlo clarificado y limpio espumándolo al final con esmero utilizando una espumadera.

- Para ello, cuando empiece a hervir (momento en el que se forma la espuma) bajar el fuego y dejar que hierva más despacio y no se enturbie mientras terminamos de espumarlo. Cocer luego lentamente.

- Puede hacerse el caldo con despojos de carne, huesos de caña o de rodilla, el cuello, puntas y alas de pollo, así como la grasa que se retira al limpiarlo.

- También se le puede poner piel de jamón o un poco de tocino, en cuyo caso el caldo queda más fuerte.

Consomé
en sopera

Caldo limpio
Puré de patatas
Huevos

Calcular ¼ l [9 fl oz] de caldo por persona.

- Espesar el caldo añadiéndole el puré de patatas necesario para obtener un consomé pastoso. Incorporar también un huevo por persona, muy batidos, y dejar que cuajen.

- Pasar a una sopera y, en el centro, colocar una yema de huevo cocida muy picadita, formando un disco y, alrededor, dibujar una flor con los cuarterones finos de la clara. Servir caliente.

Crema
de calabacín

1 kg (2,2 lb) de calabacines
2 pastillas de caldo
1 l (34 fl oz) de agua
1 caja de quesitos en porciones

- Pelar los calabacines, cortarlos en trocitos y ponerlos a cocer en el agua junto con las pastillas de caldo.
- Una vez cocidos, agregar los quesitos, pasar por la batidora y cocer un poco más.

Crema
de champiñones

100 g (3,5 oz) de champiñones
75 g (2,6 oz) de mantequilla
½ l (17 fl oz) de agua
½ l (17 fl oz) de leche
1 pastilla de caldo de ave
3 cs de tapioca
El zumo de ½ limón
Sal
Pimienta
2 cs de nata y 2 yemas
de huevo (opcional)

De querer ponerle la nata y las yemas, se hará en el último hervor, antes de batir la crema.

- Limpiar y lavar bien los champiñones. Derretir la mantequilla en una cazuela, incorporar los champiñones ya picados y rehogar hasta consumir el agua que sueltan.
- Añadir el zumo de limón, revolver bien y acompañar el agua, la pastilla de caldo, la leche y la tapioca. Dejar cocer y pasar por la batidora. Salpimentar al gusto antes de servir.

Crema
de espárragos

1 lata de puntas de espárragos
½ kg (17 oz) de gambas
Harina
1 huevo

Para la besamel clara:
¼ l (9 fl oz) de leche
Mantequilla
Agua de las gambas
Agua de los espárragos

- Cocer las gambas y pelarlas; colar el agua y reservarla aparte. Reservar igualmente el agua de los espárragos.

- En caso de hacer la crema con espárragos frescos, atarlos en manojos y cocerlos en agua con una pizca de sal hasta que ablanden. Limpiarlos después de los pellejos y las partes duras, reservando el agua.

- **Para la besamel clara:** mezclar la leche con la mantequilla y el agua de las gambas y la de los espárragos.

- Añadir las gambas, las puntas de espárragos (si tuvieran fibra, cortarles solo las puntas) y un huevo duro picado.

- Presentar la crema muy caliente en una sopera y acompañar aparte un cuenco con queso rallado, por si algún comensal quisiera darle un golpe de ese sabor.

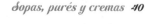

Gazpacho

½ kg (17 oz) de tomates
1 pimiento verde
1 diente de ajo
50 g (1,8 oz) de miga de pan
1 dl (3,4 fl oz) de aceite
3 cs de vinagre
Sal

- Triturar el pimiento y el tomate en la batidora hasta hacer una pasta. Majar el ajo con un poco de sal en el mortero y agregarle la pimienta y la miga de pan mojada y estrujada. Mezclar todo bien e ir dejando caer despacio el aceite en forma de hilo, batiéndolo con la mano del mortero.

- Pasarlo por un colador puesto encima de la sopera y verter 1 ¼ l (41 fl oz) de agua fría, ayudando con la mano del mortero para que pase todo el jugo. Añadir el vinagre y rectificar de sal.

- Darle un punto de sabor con unos costroncitos de pan al natural.

En el momento de servir, al empezar la comida, puede hacerse en tazas de consomé, echando unos cubitos de hielo en lugar del pan.

Sopa
de ajo

Pan del día anterior
Ajos
Aceite
Pimentón dulce
Huevos
Sal

- Cortar el pan en rebanadas finas y cocer en agua con sal. Revolver una vez bien cocidas para que se deshagan.
- Dorar en una sartén con aceite tres dientes de ajo, bien dorados y, luego, dejar que enfríe un poco el aceite. Echar 1 cs de pimentón, revolver y volcar sobre la sopa.
- Batir 1 o 2 huevos y añadirlos también, dejándolos cocer hasta que cuajen. Retirarlos cuando estén listos.

Agua, pan, ajos y pimentón. Uno de los platos más humildes de nuestra cocina que recuerda a las cenas familiares en invierno, cada uno con nuestra cazuelita de barro y nuestra cuchara de madera. ¡Las de papá picantes, muy picantes, por supuesto!

Sopa
de cebolla

¼ kg (9 oz) de cebolla
2 cs de mantequilla
1 l (34 fl oz) de agua
Pan
Queso parmesano
2 cs colmadas de harina
2 pastillas de caldo

- Derretir la mantequilla en una cacerola, echar la cebolla picada y pocharla con la tapa puesta. Desleír aparte la harina en un poco de agua. Cuando la cebolla ablande, añadir el agua, la harina y las pastillas de caldo. Dejar cocer 10 min, removiendo bien.
- Triturar en la batidora y pasar a una sopera refractaria. Cubrir con tostadas de pan frito y espolvorear con queso parmesano rallado.
- Llevar la sopera al calor del horno y gratinar hasta dejar lista la sopa.

Sopa
de mariscos

1 kg (2,2 lb) de berberechos
1 kg (2,2 lb) de mejillones
1 tacita de arroz
1 cabeza de rape
1 cebolla mediana
2 dientes de ajo
Pimentón dulce
Aceite
3 tomates
Perejil
Sal

- Cocer la cabeza de rape (puede sustituirse por cabeza de merluza), y reservar el agua.

- Abrir los berberechos y mejillones en una sartén y reservar también el agua que sueltan.

- Colar por una servilleta estas aguas reservadas y ponerlas a hervir. Al romper el hervor, echar el arroz, los berberechos, los mejillones y la carne de pescado que pueda haber en la cabeza. Mantener la cocción.

- Calentar en una sartén el aceite y freír la cebolla picada y el ajo. En cuanto tome color, añadir los tomates picados con un tenedor, el perejil también picado y una pizca de pimentón. Freír un instante y volcar sobre la sopa.

Sopa
juliana

100 g (3,5 oz) de zanahorias
100 g (3,5 oz) de nabos
3 o 4 hojas tiernas de repollo
½ cebolla
3 puerros
2 cs de guisantes
1 cogollo de lechuga
100 g (3,5 oz) de jamón
40 g (1,4 oz) de mantequilla
2 cs de aceite
2 l (68 fl oz) de caldo
(se calcula ¼ l —9 fl oz— por persona)

- Cortar todas las hortalizas en tiras finas y mezclar, excluidos los guisantes.
- Calentar en un puchero el aceite y la mantequilla y dorar un poco el jamón cortado en cuadraditos. Añadir seguidamente las verduras y rehogar un instante, removiendo de vez en cuando para que no se quemen. Verter 1 l (34 fl oz) de caldo, sazonar con la sal y, nada más empiece a hervir, incorporar los guisantes y cocer lentamente hasta que la verdura enternezca. Agregar al final el otro litro de caldo.

Esta sopa resulta deliciosa con unos costroncitos de pan frito.

Vichysoisse

3 puerros medianos
1 cebolla pequeña
30 g (1 oz) de mantequilla
½ kg (17 oz) de patatas
1 l (34 fl oz) de caldo
Sal
Pimienta
1 yema de huevo
1 taza de crema de leche

- Limpiar y lavar los puerros, retirarles casi toda la parte verde y cortarlos en rodajitas. Juntar en una cacerola con la cebolla cortada fina y la mantequilla. Rehogar 5 min sin dejar que se doren y agregarles el caldo, las patatas cortadas, la sal y la pimienta. Dejar cocer lentamente y, a continuación, pasar por la batidora.
- Volver a echar en la cacerola, añadir la yema de huevo mezclada con la crema de leche y llevar de nuevo al calor sin dejar que hierva.
- Muy cremosa, esta sopa se consume necesariamente en frío.

Masas
y empanadas

Empanada
de bacalao

½ kg (17 oz) de bacalao
4 cebollas grandes
Aceite
Perejil
Pimientos morrones
Masa

- Poner a desalar el bacalao en remojo 14 o 15 h antes de la preparación.
- Picar muy fino las cebollas y el perejil y freír en una sartén con aceite. Una vez ablanden las cebollas, incorporar el bacalao desalado y desmenuzado y cocer hasta la total evaporación del agua que suelta. Acompañar los pimientos morrones picados, revolver y dejar enfriar.
- Hacer una masa, cortar las tres cuartas partes y extender, forrando con ella el molde untado con manteca de cerdo, asegurándose de que cubra bien los lados. Disponer encima el relleno y tapar con la otra porción de masa estirada con el rodillo lo más fino posible. Sellar bien los bordes, hacer un agujero en el centro a modo de chimenea y rociar con aceite. Llevar a horno fuerte así preparada hasta dorar.

A esta empanada no suele ponérsele sal al relleno, pues ya es suficiente con la que aporta el bacalao.

Empanada
de bacalao con pasas

½ kg (17 oz) de bacalao
en trozos
4 cebollas
1 tomate pequeño
Pasas sin semillas

Para la masa:
Harina (la que admita)
Aceite de freír la cebolla
Agua y leche a partes iguales
2 huevos
1 cs de azúcar
Levadura prensada (se adquiere
en panaderías)
Un poquito de sal

- Preparar primero el relleno para que tenga tiempo de enfriar. Dorar las cebollas picadas en aceite, separar entonces un poco del aceite y conservarlo en una tacita para añadir luego a la masa. Desmenuzar grueso el bacalao, puesto en remojo el día anterior. Mezclar el tomate pelado y troceado con las cebollas ya doradas, rehogar ligeramente para que evapore el agua que suelta y agregar el bacalao. Cocer durante unos minutos y poner a enfriar.

- **Para la masa:** mezclar la leche, el agua, el aceite de freír la cebolla del relleno, un huevo batido, la levadura disuelta en unas gotas de agua tibia y 1 cs de azúcar. Verter la harina poco a poco, hasta conseguir una masa suave, y reposar 1 h en lugar templado.

- Untar una bandeja de hornear con manteca de cerdo y forrarla con la masa que habremos estirado hasta que quede fina, cubriendo bien los lados. Echar el relleno y repartir por encima las pasas. Estirar de nuevo otro trozo de masa y tapar la empanada cuidando de cerrar bien los bordes.

- Pintar con huevo y hacer la «chimenea» o agujero central, para que salga el vapor. Adornar con restos de masa en forma de palitos y pasar por el horno bien caliente. Retirar cuando esté dorada.

Empanada
de berberechos

1 vaso pequeño de leche
1 vaso de aceite
1 vaso de vino blanco
Sal
Harina (la que admita)

Para el relleno:
1 kg (2,2 lb) de cebollas
1 lata pequeña de pimientos
½ chorizo, o algo menos, muy
picadito
Un poco de picadillo de jamón o
beicon, picado menudo
2 kg (4,4 lb) de berberechos (si
son congelados, 2 envases)

En lugar de berberechos, el relleno también admite vieiras.

- Poner los ingredientes en un cuenco grande, menos la harina, que se va incorporando poco a poco hasta que la masa no se pegue a las manos.

- Echar los berberechos en agua fría y mantenerlos en ella 1 h, para lavarlos y que suelten las arenas. Si son frescos, abrirlos al vapor y separarlos de los conchas.

- Rehogar en aceite la cebolla picada, sin que se dore pero que quede blanda. Mezclarla luego con el chorizo y el jamón picados, agregar los berberechos y dejar enfriar.

- Untar una bandeja de hornear con manteca de cerdo, estirar la masa hasta que quede fina y cubrir la fuente revistiendo también los lados. Verter el relleno ya frío (en caliente, la masa se romperá), tapar con masa bien estirada y hacer una «chimenea» en el centro para que salga el vapor.

- Si queda algo de masa, formar unos palitos con los que decorar la masa por encima antes de pasar por el horno precalentado hasta que esté dorada.

Empanada
de sardinas

Sardinas frescas
5 o 6 cebollas
Perejil
Sal
(Como opción, pimiento morrón
picado y 2 cs de salsa de
tomate)
Masa

- Preparar el picado de cebolla como en las otras variedades de empanada y dejar enfriar.

- Limpiar bien las sardinas, retirarles la espina y dejar escurrir aparte.

- Distribuir una capa del picado de cebolla frío sobre la masa con la que hemos forrado la fuente del horno, rellenar las sardinas con un poco de este picado, darles de nuevo su forma y ordenarlas sobre dicha capa.

- Tras haber puesto todas las sardinas, repartir por encima la otra porción del picado, cubrir con la masa estirada lo más fino posible y hacer un agujero en el centro. Regar con un poco de aceite y hornear a intensidad fuerte.

Empanadillas
de atún

1 paquete de obleas
1 lata de atún
1 cebolla grande
1 lata de pimientos rojos
Aceite
Sal

- Sofreír la cebolla muy picada, los pimientos y el atún desmenuzado en una sartén. Espolvorear con sal y machacar todo muy bien con la cuchara de madera.

- Con esta mezcla, una vez fría, rellenar las obleas y freír en abundante aceite caliente.

- Dejar reposar sobre papel absorbente antes de servir calientes.

Masa
para empanada

Levadura prensada del
tamaño de una nuez
Harina
Sal
1 cs de manteca de cerdo

- Amontonar unos tres cuartos de harina sobre la superficie de trabajo y hacer un hueco en el centro. Diluir aparte la levadura en un poco de agua tibia.

- Echar en el hueco de la harina agua y la levadura diluida, poner una pizca de sal e ir incorporando la harina de los lados hacia el centro, mezclando bien todo, pero sin amasar. Poner el agua poco a poco para no pasarse.

- Cuando la masa ya no se pega a las manos, tapar y dejar en reposo de 1 a 2 h en sitio templado.

- Añadir tras el reposo la manteca de cerdo y gramarla, trabándola un poco.

- Emplear estirándola con el rodillo.

Masa
para empanadillas

Aceite
Vino blanco
Harina
Sal

- Verter igual cantidad de aceite que de vino blanco en un recipiente, ir mezclando con la harina y revolver con una cuchara de madera hasta conseguir una masa blanda.

- Disponer luego sobre el mármol o la mesa de trabajo y amasar con las manos hasta obtener una pasta fina que no se pegue. Apelotonar y envolver en una servilleta ligeramente humedecida con agua fría y dejar reposar en la nevera 1 h o más. Conviene manipularla poco para que no se ponga correosa.

- Formar las empanadillas, estirando la masa con el rodillo lo más fino posible. Para freírlas, el aceite está en su punto exacto cuando empieza a echar humo.

- También se puede hacer la masa con mantequilla en lugar de con aceite y agua, mitad aceite, mitad jerez.

Pasta
para fritos

Harina
Leche
1 huevo
Sal

- Mezclar en un bol harina y leche, hasta hacer una pasta muy espesa. Diluir en ella una yema y ponerle sal.

- Batir la clara a punto de nieve y dejarla caer despacio, revolviendo de abajo arriba para que no se baje.

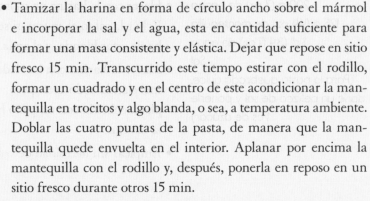

Pasta
para hojaldre

300 g (10,6 oz) de harina
300 g (10,6 oz) de mantequilla
1 pellizco de sal
Agua

- Tamizar la harina en forma de círculo ancho sobre el mármol e incorporar la sal y el agua, esta en cantidad suficiente para formar una masa consistente y elástica. Dejar que repose en sitio fresco 15 min. Transcurrido este tiempo estirar con el rodillo, formar un cuadrado y en el centro de este acondicionar la mantequilla en trocitos y algo blanda, o sea, a temperatura ambiente. Doblar las cuatro puntas de la pasta, de manera que la mantequilla quede envuelta en el interior. Aplanar por encima la mantequilla con el rodillo y, después, ponerla en reposo en un sitio fresco durante otros 15 min.

- Iniciar luego las vueltas, es decir, estirar la pasta con el rodillo haciendo un rectángulo. Doblar los extremos hacia el centro, de forma que queden superpuestos formando un recuadro de tres capas, y reposar de nuevo 15 min.

- Darle vuelta al recuadro, de modo que lo que antes era el lado largo sea ah el ancho. Repetir la operación anterior hasta seis veces, dejando siempre un lapso de tiempo de 15 min entre vuelta y vuelta.

- No debe amasarse nunca en el momento su utilización, poniendo los recortes que resulten unos encima de otros para aplanarlos seguidamente con el rodillo.

- El hojaldre ha de cocerse a horno muy caliente.

Pasta
quebrada

200 g (7 oz) de harina
125 g (4,4 oz) de mantequilla
1 dl (3,4 fl oz) de agua
Sal
(Para la pasta quebrada dulce, darle un pellizco de sal y ponerle 1 cs de azúcar)

- Hacer con la harina un montón y formar un hueco en el centro. Echar la sal (o el azúcar, si se quiere dulce), la mantequilla, que ha de estar blanda, y el agua.

- Llevar la harina con los dedos desde los bordes hacia el centro, mezclando todo bien pero sin amasar. Pasarla ya hecha a un plato, cubrirla con un paño humedecido en agua y dejar 1 h en la nevera.

- Emplear sin necesidad de volver a amasarla.

Pastel
salado

Pasta de hojaldre congelada
Huevo batido

Para el relleno:
1 cebolla pequeña
1 bandeja de champiñones
1 vasito de nata líquida
1 lata de atún en aceite
2 huevos cocidos
Aceite
Sal

- Dejar que la pasta de hojaldre descongele y estirar después con el rodillo haciendo rectángulos de 28 x 15 cm (11 x 5,9 pulgadas). Pinchar un poco los rectángulos de masa con un tenedor y ponerlos sobre una bandeja de hornear, separados unos de otros, pintar con huevo (muy poco batido) y dejar en el horno hasta que estén dorados.

- **Para el relleno:** dorar en un poco de aceite la cebolla bien picada y, cuando empiece a tostarse, añadir los champiñones limpios y laminados. Cocer a fuego vivo, evaporando así el agua que sueltan, e incorporar la nata. Revolver y agregar el atún desmenuzado y los huevos cocidos bien picados.

- Extender parte del relleno sobre una lámina de hojaldre y tapar con otra. Repetir la operación hasta terminar el relleno, debiendo quedar por encima la lámina de hojaldre (en caso de que salieran unas más grandes que otras, recortar lo que sobresalga una de otra).

- **Variante:** otro relleno muy interesantes es el que incluye gambas con mahonesa.

Aprovechos

Albondiguillas
de ave

Sobras de pollo o gallina,
cocidas o asadas
Perejil
Pan rallado
Huevos
Harina
Aceite
Sal
Pimienta

- Desmenuzar las sobras de pollo, colocarlas en un bol y añadir 2 o 3 huevos duros picados (según sea la cantidad de carne), 1 cs de perejil picado, pan rallado y 1 o 2 huevos ligeramente batidos. Condimentar con sal y pimienta y mezclar bien.

- Formar unas albondiguillas, pasarlas por harina, huevo y pan rallado y freírlas en abundante aceite hasta que estén doradas.

- Servir calientes con salsa de manzana o frías con mahonesa o ensalada.

Berenjenas
rellenas

300 g (10,6 oz) de carne
de sobras
4 berenjenas medianas
1 ramita de perejil
1 cebolla grande
3 dientes de ajo
1 limón
4 cs de aceite
50 g (1,8 oz) de piñones
½ ct de pimentón dulce
4 cs de pan rallado
2 huevos
Sal
Pimienta

- Cortar a lo largo las berenjenas, quitarles el centro y guardar la pulpa. Bañarlas a continuación con zumo de limón y espolvorearlas con sal.

- Picar la carne y reservar para preparar el relleno. Rehogar la cebolla y los ajos finamente picados en 3 cs de aceite. Trocear menudo la pulpa reservada y rehogarla con el sofrito; añadir la carne picada, los huevos batidos, 2 cs de pan rallado, sal y perejil picado.

- Rellenar las berenjenas, mezclar las otras 2 cs de pan rallado con el pimentón y los piñones y repartir por encima del relleno. Con la otra cucharada de aceite, untar una fuente de horno, colocar en ella las berenjenas y llevar al horno 30 o 45 min. Gratinar 10 min.

Emparedados
de carne

Sobras de carne
Cebolla
Aceitunas
1 huevo duro
Aceite crudo
Lechuga o escarola (opcional)
Leche
Pan rallado
Aceite de oliva

- Aprovechando algún resto de carne (ternera, pollo, etc.), picar todo muy fino y mezclar con otro picadillo hecho con cebolla, aceitunas, huevo duro y un poco de aceite crudo (puede añadirse también lechuga o escarola).

- Preparar unas tostadas de pan, que pueden ser de alguna barra sobrante del día anterior o pan de molde. Elaborar una besamel espesa, untar con ella las tostadas y depositar encima el relleno; terminar cubriendo el conjunto con otra rebanada de pan, untada asimismo con un poco de salsa (para que se peguen bien y no se separen en la sartén).

- Batir previamente en un plato sopero un huevo mezclado con leche, remojar los emparedados, pasarlos después por el pan rallado y freírlos en aceite.

- Acompañar con una ensalada.

Ensalada
de arroz

1 taza de arroz largo
Sobras de pollo
100 g (3,5 oz) de jamón de York
(en una loncha)
Guisantes
Cebollas pequeñas
Aceitunas
Lechuga
Mahonesa

- Cocer el arroz en abundante agua con un poco de sal, poner en un escurridor y dejar que enfríe.

- Desmenuzar el pollo, cortar el jamón de York en dados, cocer previamente los guisantes, picar las cebollas, cortar por la mitad las aceitunas y mezclar todo ello con el arroz.

- Preparar en una fuente una cama de lechuga cortada en tiras y, sobre ella, disponer el arroz junto con los demás ingredientes. Cubrir con salsa mahonesa y adornar la ensalada.

El toque decorativo se consigue con unas aceitunas, huevo cocido, espárragos, tiras de pimientos morrones, etc.

Ensalada
de carne

Sobras de carne
Un poco de jamón
Cebolla
Aceitunas
Pepinillos
1 huevo duro
Ajo
Perejil
Aceite
Vinagre

- Desmenuzar la carne y mezclar con un poco de jamón, cebolla, aceitunas o pepinillos y un huevo duro, todo ello picado fino. Sazonar con ajo picado, perejil, aceite y vinagre.

- Cubrir una fuente o ensaladera con lechuga cortada en tiras, distribuir sobre ella todo el picado y colocar alrededor medios tomates. Regar con unas gotas más de aceite y vinagre, poner una pizca de sal y servir.

Picadillo
Parmentier

¼ kg (9 oz) o 300 g (10,6 oz) de carne (la mejor es la del cocido)
1 cebolla
½ pastilla de caldo de carne
1 cs sopera de harina
1 dl (3,4 fl oz) de agua
40 g (1,4 oz) de mantequilla
Perejil
Pimienta
1 ct de tomate frito (opcional)

- Derretir la mantequilla y rehogar la cebolla finamente picada; añadir la media pastilla de caldo, la harina, el agua, el perejil picado y la pimienta.
- Mezclar esta salsa con la carne picada y extender la mezcla en una fuente refractaria previamente engrasada. Cubrir toda la superficie con puré de patata espolvoreado con queso rallado y gratinar.

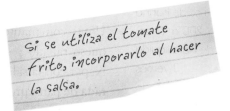

Si se utiliza el tomate frito, incorporarlo al hacer la salsa.

Plato fresco
para el verano

Patatas
Carne de sobras del cocido
Sal
Unas ramitas de perejil
Pimienta
1 vasito de vino blanco
Aceite
Tomates
Cebolla
Aceitunas
Vinagre

- Cocer las patatas con piel; una vez cocidas, pelarlas y cortarlas en rodajas finas. Sazonar con sal, perejil picado y un pellizco de pimienta. Regar con el vino blanco y 1 cs de aceite, removiéndolas de vez en cuando para que se impregnen bien de este adobo.
- Poner las patatas en el centro de una fuente redonda; alrededor, la carne cortada en lonchas finas y, a su vez, disponer la carne en círculo también con unas rodajas de tomate; sobre estas, unos aros finos de cebolla, y complementar con unas aceitunas. Regar todo ello con aceite y vinagre.
- El montículo de las patatas se realza con unas ramitas de perejil.

Pollo
a la crema

Sobras de pollo, cocido o asado
150 g (5 oz) de mantequilla
Sal
½ l (17 fl oz) de leche caliente
1 cs de harina
200 g (7 oz) de nata líquida
3 yemas
Queso rallado
Pan rallado

- Desmenuzar el pollo, rehogar en 50 g (1,8 oz) de mantequilla y sazonar.
- Calentar aparte los otros 100 g (3,5 oz) de mantequilla, agregar la cucharada colmada de harina, dejar cocer un instante y verter la leche. Revolver seguidamente para que no se pegue e ir agregando poco a poco la nata, cocinando todo a fuego lento. Retirar del fuego y añadir las yemas y 1 cs de queso rallado. Condimentar con sal.
- Untar con mantequilla una fuente de horno, espolvorear de queso rallado y sobre el fondo colocar el pollo desmenuzado. Napar con la salsa y espolvorear de queso rallado y una cucharada de pan también rallado.
- Dejar que gratine hasta que esté doradito.

Tortilla
de pescado

Pescado cocido
1 cebolla
2 huevos
Patatas
Aceite de oliva

- Cuando sobra pescado cocido con patatas, estas no suelen aprovecharse, pero se toman muy bien con la siguiente tortilla.
- Aplastar las patatas con un tenedor, deshacer el pescado y mezclar todo.
- Dorar en un poco de aceite una cebolla picada y añadirle el pescado·con las patatas.
- Batir 2 huevos y volcar sobre ellos las patatas y el pescado; mezclar todo bien.
- Calentar la sartén con otro poco de aceite y echar el preparado; dejar cuajar y darle la vuelta como a una tortilla de patatas.

Arroces
y pasta

Arroz
a banda

400 g (14 oz) de arroz
4 ñoras grandes
½ kg (3,3 lb) de morralla
Unas hebras de azafrán
½ l (51 fl oz) de agua
650 g (23 oz) de tomate natural
Ajos
Sal
Aceite

- Para elaborar el fondo (caldo), freír los ajos y el tomate con el azafrán.
- Hervir agua; freír también las ñoras y añadir; además, poner el pescado y dejar hervir durante 15 min. Transcurrido este tiempo, colar todo para extraer el caldo.
- En una paellera, sofreír el arroz con el aceite y echar el caldo obtenido; dejar a fuego fuerte durante 10 min; comprobar la sal y dejar cocer el arroz.

Arroz
con almejas

2 tazas de arroz
1 kg (2,2 lb) de almejas
1 cebolla
Perejil
Aceite
Azafrán
Sal

- La noche anterior, poner las almejas en un cazo y cubrirlas con agua y un poco de sal para que suelten las arenas. Lavar bien bajo el chorro de agua fría y reservar.
- En una cazuela, poner aceite y pochar la cebolla picada y el perejil; cuando empiece a tomar color, echar el arroz y rehogar bien. Añadir luego 4 tazas de agua y un poquito más con sal, azafrán y las almejas.
- Dejar cocer 20 min a fuego lento y darles un reposo de 10 min más. Servir de inmediato.

Es preferible utilizar agua de cocer pescado, que podemos preparar cocinando una cabeza de merluza, espinas de rape, congrio, etc.

Arroz
con bacalao

¼ kg (9 oz) de bacalao
1 pimiento verde o rojo
1 cebolla grande
Perejil
2 tomates
Aceite
2 tazas de arroz
Azafrán

- Freír un pimiento rojo grande cortado en tiras; cuando esté blando, añadir la cebolla picada y perejil, también picado.
- Nada más dorar la cebolla, incorporar 2 tomates pelados y cortados menudos. Mantener la cocción durante unos minutos y acompañar el bacalao, previamente desalado y desmenuzado.
- Dejar cocer lentamente hasta que se consuma el agua que suelta el bacalao. Incorporar el arroz, rehogar y poner el agua caliente (doble cantidad que de arroz) y echar el azafrán.
- Revolver todo y dejar cocer despacio durante 20 min aproximadamente.

También puedes darte el capricho de preparar un cremoso risotto con trufa negra. Un plato sencillamente delicioso.

Arroz
con congrio

150g (5 oz) de judías verdes
150 g (5 oz) de judiones de la
variedad denominada *garrofó*
150 g (5 oz) de la variedad
denominada *ferradura* o *tavella*
(pueden sustituirse por guisantes
y alcachofas tiernas)
4 ajos tiernos
2 tomates maduros
1 pimiento rojo
Aceite de oliva
Azafrán
Sal
¼ kg (9 oz) de arroz
1 kg (2,2 lb) de congrio

- Limpiar el congrio y separar la cabeza y la cola, pues esta tiene muchas espinas; del centro, hacer unas tajadas regulares. Con la cabeza y cola, elaborar un caldo para cocer el arroz.

- Sofreír las verduras hasta que queden tiernas, agregar el tomate y el caldo de cocción al sofrito. Prolongar esta durante 20 min.

- Añadir el arroz e incorporar los trozos de congrio y el pimiento rojo en 6 pedazos. Rectificar la sal y añadir el azafrán. Prolongar la cocción durante 25 o 30 min, vigilando el fuego y bajando su intensidad si es preciso, pues el arroz debe servirse ligeramente caldoso.

Arroz
con cerdo

400 g (14 oz) de magro de cerdo

50 g (1,8 oz) de panceta o beicon en lonchas finas

1 cebolla

1 o 2 dientes de ajo

½ pimiento verde

½ pimiento rojo

300 g (10,6 oz) de arroz largo

Caldo

1 tomate grande

1 bandeja de champiñones

Perejil

Sal

Pimienta

Queso rallado

1 cs de mantequilla

1 dl (3,4 fl oz) de aceite

- Freír la panceta en el aceite, vuelta y vuelta. Retirar de la sartén y reservar.

- En la misma grasa, hacer la cebolla y el ajo picados y, cuando comiencen a tomar color, añadir los pimientos pelados y cortados en tiras; dejar freír un poco y echar el tomate pelado y cortado en trocitos. Dejar cocer todo junto.

- En un poquito de aceite, dorar el magro de cerdo cortado en dados; agregar el arroz y rehogar; verter el caldo e incorporar el sofrito. Salpimentar y mantener la cocción; si hiciera falta, aportar un poco más de caldo caliente.

- Freír en la mantequilla los champiñones cortados en láminas. Cuando el arroz esté a medio cocer, añadir los champiñones.

- Servir espolvoreado con perejil picado y queso rallado.

Arroz
con pollo deshuesado

1 pollo mediano
200 g (7 oz) de lomo de cerdo
200 g (7 oz) de magro de cerdo
2 alcachofas
200 g (7 oz) de guisantes
o judías verdes
Azafrán
2 dientes de ajo
2 cebollas
2 tomates
¼ l (9 fl oz) de aceite
400 g (14 oz) de arroz
Perejil
Sal

- Poner 1 ½ l (51 fl oz) de agua en una olla y cocer en ella el pollo, el lomo y el magro, junto con una cebolla y un tomate. Una vez cocido, deshuesar el pollo, colar el agua y reservar.

- Verter el aceite en una paellera y, cuando esté bien caliente, dorar el pollo; añadir las alcachofas cortadas en trozos, limpias y sin hojas duras, los guisantes, los ajos, la cebolla picada, el tomate también picado y el arroz, revolviendo bien todo.

- Mojar con 1 l (34 fl oz) del caldo reservado, rectificar de sal y acompañar el azafrán. Remover con la espátula durante unos segundos y cocer durante unos 15 min. Servir 5 min después de la cocción.

Arroz negro

1 kg (2,2 lb) de calamares
1 cebolla grande
Perejil
Aceite
Miga de pan
1 vasito de vino blanco
½ kg (17 oz) de arroz
2 envases de tinta de calamar
¼ de kg (9 oz) de gambones o langostinos
½ kg (17 oz) de mejillones
Sal
Un poquito de guindilla (opcional)

- Bien limpios y lavados, cortar los calamares en trozos pequeños.

- Cubrir el fondo de una cazuela con aceite y dorar la cebolla y el perejil picados en ella. Cuando comiencen a tomar color, echar los calamares, rehogar y añadir el vino blanco. Dejar cocer lentamente unos 5 min.

- Poner la miga de pan en el mortero, regarla con salsa de los calamares y deshacer bien hasta que la miga quede hecha papilla. Agregar la tinta y volcar sobre los calamares.

- Pelar la cola de los gambones o langostinos y dejar la cabeza. Abrir los mejillones en un poco de agua, colar esta y reservar. Quitar una de las valvas a los mejillones.

- En una sartén y en poco aceite, rehogar el arroz y acompañar los calamares; revolver el conjunto. Al agua de los mejillones que hemos reservado, incorporar más agua caliente, hasta conseguir doble cantidad de esta que de arroz, echarla sobre este, revolver y esperar a que rompa el hervor. En este momento, colocar encima los gambones y los mejillones con su valva. Dejar cocer durante 20 min. Apagar el fuego y darle un reposo de 5 a 10 min. Servir inmediatamente.

Si el arroz se prefiere caldoso, aportar un poco más de agua hirviendo. En caso de añadir guindilla a la receta, echársela al arroz al rehogarlo.

Arroz
tres delicias

½ kg (17 oz) de arroz largo
100 g (3,5 oz) de gambas peladas y cocidas
100 g (3,5 oz) de jamón de York en trocitos pequeños
2 huevos batidos
50 g (1,8 oz) de guisantes
1 cebolla
4 cs de aceite
Sal
Pimienta
1 pimiento rojo pequeño

- Cocer el arroz en abundante agua (ha de quedar al dente), escurrir al cabo de 8 o 10 min y dejar que enfríe por completo. (Hay quien opina que el arroz debe dejarse cocido el día anterior, de esta forma el grano quedará muy suelto y esponjoso).

- Calentar en una sartén el aceite (los chinos suelen utilizar aceite de cacahuete) y freír en ella la cebolla picada, las gambas, el jamón de York y el pimiento cortado en trocitos. Salpimentar y echar los huevos, pero sin revolver; dejar hasta que estén totalmente cuajados y, al momento, acompañar el arroz ya cocido y frío. Incorporar al final los guisantes previamente cocidos, rehogar el conjunto unos minutos y servir en un cuenco.

Canelones

Pasta para canelones
Salsa de tomate
Salsa besamel
Sobras de carne o bonito y huevo duro, para hacer el picado del relleno
Queso rallado
Mantequilla

- Preparar las láminas de canelones según las instrucciones del envase. Unos necesitan cocción y otros, solamente un remojo previo.

- Rellenarlos una vez listos y enrollar con cuidado. Derramar salsa de tomate sobre una fuente de horno, hasta cubrir el fondo, y sobre esta, ir colocando los rollitos de canelón.

- Cubrir con salsa besamel, espolvorear con queso rallado y colocar unos trocitos de mantequilla por encima. Gratinar.

- **De bonito y huevo duro.** Mezclar una lata de bonito con 2 o 3 huevos duros picados. Si se quiere, poner cebolla picada y dorada en una pizca de aceite. Rellenar y seguir los pasos anteriores.

- **Rellenos de carne picada.** Aprovechar y picar la carne de las sobras. Agregarle cebolla picada y dorada en un poco de aceite y remojar con unas cucharadas de salsa de tomate.

Espaguetis
al queso

400 g (14 oz) de espaguetis
50 g (1,8 oz) de queso emmental
50 g (1,8 oz) de queso de nata
50 g (1,8 oz) de queso de bola
50 g (1,8 oz) de queso rallado
50 g (1,8 oz) de mantequilla
Sal

- Cocer los espaguetis en agua con sal y un chorrito de aceite. Dejarlos sobre 10 o 15 min, hasta que esté al dente, o sea, poco cocidos y un tanto duros.

- Disponer en un cacharro hondo los quesos cortados en tiras finas, mezclados con el queso rallado.

- Escurrir bien los espaguetis una vez cocidos y echarlos en el cacharro de los quesos. Revolver bien la mantequilla y mezclar al mismo tiempo.

- Si gusta, se puede condimentar con un poco de pimienta blanca molida.

Fideos
con almejas

1 kg (2,2 lb) de almejas
2 cebollas
2 pimientos rojos
2 tomates maduros
350 g (12,3 oz) de fideos perla
1 diente de ajo
Perejil, laurel
Aceite, sal
1 o 2 papeletas de azafrán

- En cazuela de barro, dorar en aceite bien caliente la cebolla, el ajo, los pimientos, los tomates pelados y el perejil, todo ello picadito.

- Verter un vaso de agua en una sartén y, bien lavadas, poner las almejas para, a medida que se van abriendo, pasarlas a un plato; colar el agua y regar con ella el sofrito. Al romper el hervor, añadir los fideos y el agua necesaria para que, al cocer, queden jugosos.

- Una vez cocidos los fideos, incorporar las almejas, un poco de azafrán y salar. Cocer todo junto un ratito y servir en la misma cazuela.

Han de servirse en el momento, puesto que si los fideos se dejan reposar, van absorbiendo el agua y quedan secos en vez de jugosos.

Fideuá

600 g (21,2 oz) de fideos
600 g (21,2 oz) de cigalas
¼ kg (9 oz) de gambas
200 g (7 oz) de tomate picado
2 dientes de ajo
1 ½ dl (5 fl oz) de aceite
Unas hebras de azafrán
Una pizca de pimentón
2 l (68 fl oz) de caldo de pescado

- Colocar la paellera sobre fuego con el aceite; cuando esté bien caliente, incorporar las cigalas y las gambas, y sofreír bien; añadir el ajo, el pimentón y el tomate, continuándose el sofrito; más tarde, añadir y sofreír el rape.

- Una vez conseguido el sofrito, incorporar el caldo y dejar cocer aproximadamente 20 min; cuando haya arrancado el hervor, agregar los fideos. Cocer los fideos durante 15 min a fuego fuerte, y luego 5 min a fuego bajo.

- Antes de servir, dejar reposar, pues los fideos han de embeber todo el caldo.

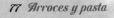

Lasaña
de carne

1 cebolla
100 g (3,5 oz) de carne de
ternera picada
50 g (1,8 oz) de carne de cerdo
picada
50 g (1,8 oz) de parmesano
rallado
150 g (5 oz) de jamón cocido
100 g (3,5 oz) de gouda
1 huevo duro
1 tomate
1 yema
1 huevo
Perejil picado
Salsa de tomate
Pimentón y sal

- **Relleno de la lasaña:**

- Cortar la cebolla muy fino. Picar 1 diente de ajo. Rehogar el diente de ajo y la cebolla hasta que se ponga transparente. Subir el fuego e incorporar la carne, rehogar y retirar.

- Escaldar 1 tomate, pelarlo y cortarlo en trozos. Cortar 1 huevo duro en pequeños trozos. Agregar el tomate, el huevo duro, 1 puñado de aceitunas y ½ ct de pimentón.

- Remojar la miga de pan en leche y escurrirla. Incorporar un trozo de la miga de pan al guiso. Batir el huevo y la yema, rallar el queso y picar el perejil; añadir todo. Salpimentar y mezclar bien todos los ingredientes.

- **Para armar la lasaña:**

- En una fuente para horno untada con aceite de oliva, acomodar una lámina de masa de lasaña y cubrirla con una capa de jamón y otra de queso.

- Colocar otra lámina de lasaña y cubrir con el relleno de carne. Tapar nuevamente con una lámina de lasaña. Repetir hasta tener dos pisos de relleno.

- Cubrir con salsa de tomate espolvoreada con abundante parmesano rallado. Llevar a horno fuerte hasta que se dore el queso.

Macarrones
gratinados

200 g (7 oz) de macarrones
½ kg (17 oz) de tomates
150 g (5 oz) de carne picada
50 g (1,8 oz) de mantequilla
3 huevos
Harina
Leche
Queso rallado

- Tras cocer los macarrones y refrescarlos en agua fría, depositarlos sobre una fuente refractaria.

- Hacer una buena salsa de tomate e incorporarle la carne picada y cocida.

- Elaborar también una besamel con 1 cs de harina, ¼ l (9 fl oz) de leche y 1 ct de mantequilla. Ligar con la salsa de tomate.

- Mezclar previamente ambas salsas, distribuir por encima de los macarrones y, a continuación, acompañar los huevos bien batidos. Espolvorear con queso rallado y pasar por el horno.

- Presentar los macarrones gratinados en la propia fuente.

Paella

½ pollo
½ kg (17 oz) de berberechos
½ kg (17 oz) de mejillones
1 cabeza de rape
½ kg (17 oz) de gambas
1 kg (2,2 lb) de cigalas
Arroz
Aceite
Guisantes
Pimientos morrones
1 cebolla mediana
1 o 2 dientes de ajo
Sal
Perejil

- Verter algo de aceite en una paella y dorar el pollo cortado en trozos pequeños. Retirar una vez dorado y reservar aparte. Dorar en el mismo aceite la cebolla, el ajo y el perejil, todo bien picado. Incorporar también los trozos de pollo que hemos reservado.

- Cocer la cabeza de rape y reservar el agua de la cocción. Separar la carne que contenga la cabeza y agregar al sofrito. Lavar los berberechos y mejillones en agua fría, para que suelten toda la arena. Abrir al calor en una sartén y reservar el agua que suelten, colada previamente por un paño o servilleta.

- Medir por tazas y derramar las aguas reservadas en la paella. Poner a hervir, cocer unos minutos y agregar luego el arroz, medido con la misma taza, siendo la proporción de una taza de arroz por dos de agua, aunque de esta llevará media taza más, que se dice «para el puchero». Añadir los berberechos, los mejillones, las gambas (peladas y crudas) y las cigalas (también peladas y crudas), las tiras de pimiento morrón y los guisantes. Sazonar con sal y azafrán.

- Cocer durante 20 min, cuidando de que hierva por igual. Retirar del fuego cuando esté, tapar por con un paño blanco y sobreponer un papel de periódico. Dejar en reposo entre 10 y 15 min.

- Alguna cigala se puede cocer entera y embellecer con ella el conjunto.

Pizza variada

Masa para *pizza*
½ kg (17 oz) de tomates frescos
200 g (7 oz) de queso en un solo trozo
200 g (7 oz) de jamón cocido
1 lata de anchoas
Aceitunas
1 bolsita de queso rallado
Orégano
Aceite

- Revestir el molde con la masa y espolvorear abundante queso rallado. Colocar alrededor los tomates en rodajas y, en el centro, las aceitunas sin hueso y cortadas a la mitad. Formar una línea con las anchoas en filetes dispuestas a lo largo de las aceitunas, a modo de división, y, a continuación, poner el queso cortado en dados delineando una corona. Dividir de nuevo con los filetes de anchoa y, después, dibujar otra corona con el jamón cocido, que puede estar cortado en dados o en rollitos. Dividir de nuevo con las anchoas y, por último, depositar los tomates como ya hemos dicho.

- Repartir unas arenitas de sal sobre los tomates, solamente sobre los tomates, puesto que las anchoas y las aceitunas ya tienen sal suficiente. Espolvorear con orégano y regar con unas gotas de aceite, principalmente sobre los tomates. Llevar a hornear.

- En lugar de depositar los ingredientes en forma de aros, se pueden trazar cuarterones a partir del centro.

Legumbres,
patatas y verduras

Acelgas
dos colores

1 ½ kg (3,3 lb) de acelgas
¼ kg (9 oz) de patatas
2 huevos
4 dientes de ajo
Aceite
Mantequilla
Sal

- Limpiar las acelgas separando la parte blanca de la verde. Lavar y picar ambas y cocerlas por separado en agua con sal. Escurrirlas bien.

- Pelar las patatas, lavarlas y cortarlas en cuadraditos. Añadir sal y freírlas en aceite bien caliente. Recién fritas, reservarlas al calor.

- Rehogar con mantequilla la parte blanca de las acelgas, añadir las patatas fritas y, cuando esté todo muy caliente, incorporar los huevos batidos, dejándolos cuajar pero que queden jugosos. Reservar al calor.

- Dorar en el aceite los ajos cortados en láminas y agregar la parte verde, removiendo todo durante 1 min.

- En una fuente redonda, colocar lo verde de las acelgas en el centro formando copete y, alrededor, hacer un anillo con la parte blanca.

Alcachofas
con huevos

8 alcachofas tempranas
4 huevos
100 g (3,5 oz) de jamón serrano
1 cebolla mediana
1 limón
200 g (7 oz) de nata líquida
Sal
Un chorrito de aceite

- Limpiar las alcachofas de hojas duras y cortarles un poco más que la punta. Cocer en agua hirviendo con sal y zumo de limón hasta que estén tiernas. Cocer igualmente los huevos en un cazo con agua hirviendo durante 10 min.

- Enfriar los huevos bajo el chorro de agua fría, pelarlos y cortarlos en dos mitades. Hacer un hueco en el centro de cada alcachofa y colocar medio huevo duro en cada una de ellas.

- En una cazuela con un poquito de aceite, dorar la cebolla muy picadita y el jamón también picado. Colocar las alcachofas en la cazuela apoyadas en su base y distribuir la nata por encima. Dejar cocer un rato hasta que espese la salsa.

Alubias blancas
con almejas

200 g (7 oz) de alubias blancas
(clase especial para fabada)
¼ kg (9 oz) de almejas
1 vaso pequeño de vino blanco
1 cs de harina
½ hoja de laurel
1 rama de perejil
1 diente de ajo
Un poco de pimentón
Azafrán
Perejil
Aceite
Sal

- Después de tener las alubias en remojo, escurrir, pasar a una cacerola y añadir la cebolla picada, ajo, perejil, laurel, pimentón y un chorro de aceite crudo; cubrir con agua fría y cocer lentamente, procurando tenerlas siempre cubiertas de agua para que no suelten la piel. Una vez cocidas, sazonar con sal y azafrán pulverizado, retirando el laurel.

- Aparte, preparar las almejas a la marinera de la siguiente forma: poner la sartén con el aceite y los ajos al fuego. Al empezar a dorarse, añadir la harina y freír un poco. Agregar las almejas, el vino y el pimentón. Dejar cocer a fuego fuerte hasta que se abran y la salsa ligue. Rociar con perejil picado.

- Una vez preparadas las almejas, incorporar a las alubias. Cocer lentamente durante 10 min más y dejar reposar.

Anillos
de cebolla

2 cebollas grandes
Aceite
Harina
Sal

Pueden tomarse solos, como aperitivo, o acompañando platos de carne, principalmente frita o a la parrilla.

- Pelar las cebollas bajo un chorro abundante de agua, cortar en rodajas no demasiado finas y separar en anillos. Poner agua a hervir y, cuando entre en ebullición, apagar el fuego, echar los anillos de cebolla y dejar un instante. Retirarlo del agua caliente y dejar otro momento en agua fría.

- Rebozar en harina, sacudir la sobrante y freír en abundante aceite hasta dorar. Escurrir, darles un toque de sal y servir calientes.

Berenjenas
duquesa

3 berenjenas grandes
2 dl (6,7 fl oz) de aceite
400 g (14 oz) de patatas
60 g (2,1 oz) de mantequilla
50 g (1,8 oz) de harina
50 g (1,8 oz) de jamón
1 lata de champiñones
1 huevo
1 cs de puré de tomate
1 cebolla
1 dl (3,4 fl oz) de vino blanco
Sal
Pimienta
Pan rallado

- Pelar las berenjenas y cortar a lo largo por la mitad, vaciar para que queden como barquitas, ponerles sal, rebozar en harina y freír en aceite. Irlas colocando ordenadamente en el fondo de una fuente de horno.

- Picar fino la cebolla y rehogar en 35 g (1,2 oz) de mantequilla y 1 cs de aceite. Nada más empiece a tomar color, añadirle el tomate, el jamón picado y los champiñones laminados finamente; a continuación, verter el vino blanco, sazonar con sal y pimienta, añadir toda la carne de las berenjenas picada y dejar cocer todo hasta que esté en su punto.

- Rellenar las berenjenas con la mezcla, espolvorear con pan rallado y añadir el resto de la mantequilla. Dorarlas después al horno.

- Cocer aparte unas patatas en agua con sal. Cuando estén tiernas, sacarlas del agua y dejarlas enfriar un poco. Pelarlas y pasarlas por el pasapurés. Añadir una yema y 25 g (0,9 oz) de mantequilla y mezclar bien . Llenar una manga pastelera con el puré, formando un cordón alrededor de cada berenjena. Servir calientes.

Budín
de espárragos

4 huevos
1 bote de leche evaporada
½ bote de leche fresca
1 lata de espárragos
de ¼ kg (9 oz) (mejor puntas)
Sal
Pimienta blanca

- Abrir la lata de espárragos y escurrirlos bien. Cortar las puntas y reservarlas.
- Triturar en la batidora todo junto: huevos, leche y espárragos. Salpimentar y verter la mitad del batido en un molde untado con mantequilla, incorporar las puntas reservadas y derramar por encima del resto del batido. Cocer en el horno al baño María por lo menos durante 1 h. Se sabe si está cocido con una aguja de hacer punto, cuando, al pinchar el pastel con ella, sale completamente limpia.

Budín
de vigilia

½ kg (17 oz) de patatas
3 cs de habas
2 o 3 zanahorias
100 g (3,5 oz) de bacalao
2 yemas de huevo
1 cs de mantequilla
Macarrones
Salsa de tomate espesa
Queso rallado

- Cocer las patatas con piel y pelarlas después de cocidas. Cocer en pucheros diferentes las habas (en remojo desde la víspera), las zanahorias y el bacalao.
- Una vez todo cocido, triturar y pasar por el pasapurés; añadir dos yemas y 1 cs de mantequilla y remover bien. Untar un molde con mantequilla, cubrirlo con macarrones cocidos y bien escurridos y echar el puré seguidamente. Llevar a horno fuerte y retirar a los 15 min.
- Volcar con cuidado sobre una fuente redonda, napar con la salsa de tomate y espolvorear con queso rallado.

Si se consume de primer plato, adornar con unos triángulos de pan frito; y si se desea que sirva de plato fuerte, presentar con unos huevos fritos sobre la salsa de tomate.

Champiñones
al ajillo

1 kg (2,2 lb) de champiñones
pequeños
3 dientes de ajo
1 cs de perejil picado
El zumo de ½ limón
Aceite
Sal

- Limpiar los champiñones bajo un chorro de agua fría y echar en un recipiente con agua fresca y zumo de limón. Lavar bien y secar rápidamente. Filetear.

- Poner una cazuela con aceite al fuego. Al empezarse a calentar, echar los champiñones, la sal y los dientes de ajo muy picados. Poner a fuego lento durante 10 min y más vivo otros 5 min. Mover los champiñones de vez en cuando para que se hagan por igual.

- Al servir, espolvorear con algo de perejil picado finamente con una tijera (puede suprimirse). Servir muy calientes a continuación.

Champiñones
rellenos

1 kg (2,2 lb) de champiñones
grandes
50 g (1,8 oz) de jamón serrano
1 cebolla mediana
2 dientes de ajo
1 dl (3,4 fl oz) de nata
Aceite de oliva
Queso rallado

Para la besamel:
½ l (17 fl oz) de leche
4 cs de harina
Sal
Mantequilla

- Limpiar los champiñones, y separarles la cabeza del tronco. Pasar las cabezas por una sartén con aceite y hacer a fuego lento.
- Picar los tronquitos menudos, así como la cebolla, el ajo y el jamón. Rehogar la cebolla y el ajo en un poco de aceite, añadir el jamón cuando empiecen a dorarse y, por último, los tronquitos de los champiñones. Agregar la nata y dejar cocer lentamente.
- Una vez finalizada la cocción, poner las cabezas bocarriba en una fuente refractaria y, con una cucharita, ir rellenándolas con el picado.
- Elaborar una besamel y cubrir con ella los champiñones. Espolvorear con queso rallado, acompañar con unos montoncitos de mantequilla y llevar a gratinar.

Cocido
madrileño

¼ kg (9 oz) de garbanzos

300 g (10,6 oz) de morcillo de vaca

¼ de gallina

100 g (3,5 oz) de tocino blanco o entreverado

100 g (3,5 oz) de morcilla de cebolla

100 g (3,5 oz) de chorizo

50 g (1,8 oz) de punta de jamón serrano

4 huesos de tuétano de 5 cm (1,97 pulgadas) aproximadamente

1 kg (2,2 lb) de repollo

4 patatas medianas

2 zanahorias

1 cebolla

1 nabo

1 diente de ajo

2 tomates

Aceite de oliva

100 g (3,5 oz) de fideos

Sal

Para el relleno:

2 huevos

75 g (2,6 oz) de pan

2 dientes de ajo

2 cs de perejil

Aceite de oliva

Sal

- Remojar los garbanzos la noche anterior en agua templada con un poco de sal. A la mañana siguiente, sacar y escurrir. Colocar en una cazuela grande las carnes, el tocino, los huesos lavados y el jamón, y cubrir con 4 l (8,8 lb) de agua, aproximadamente. Poner la cazuela al fuego y, cuando rompa a hervir, quitar la espuma y agregar los garbanzos. Al segundo hervor, añadir la zanahoria, la cebolla y el nabo. Cocer a fuego lento durante 3 h o más, hasta que los garbanzos estén tiernos. 20 min antes del final, incorporar las patatas peladas y cortadas por la mitad. Probar y rectificar de sal. Al mismo tiempo, en otro puchero, cocer el repollo picado durante 30 min. Escurrir y rehogarlo con el ajo. Cocer el chorizo y la morcilla en un recipiente aparte.

- Para hacer el relleno, rallar el pan y picar el perejil. Batir los huevos y amasarlos con el pan rallado, los ajos muy picaditos, el perejil y sal. Formar unas croquetas con ello y freírlas en abundante aceite caliente. Cuando se vaya a servir el cocido, introducirlas en el caldo y dar un hervor.

- Cocer los fideos en el caldo durante 5 min. Servir la sopa con fideos.

- Rehogar el repollo y cortar el nabo en rodajas. Presentar los garbanzos en una fuente con el repollo, la zanahoria, el nabo y el relleno. Pelar, picar y freír unos tomates. Poner el tomate frito en una salsera.

- Trocear las carnes. Emplatar las carnes troceadas, el tocino, los huesos y el chorizo y la morcilla. Servir.

Cocido
montañés

100 g (3,5 oz) de alubias blancas
1 morcilla de tripa de cerdo
100 g (3,5 oz) de chorizo
(de cocido)
1 hueso de codillo
100 g (3,5 oz) de tocino
100 g (3,5 oz) de costilla
adobada
2 patatas
1 nabo de mesa
1 berza fina
Sal

- Limpiar bien la costilla y el hueso de codillo.
- Cocer las alubias durante 1 h en agua fría junto al hueso de codillo y la costilla, y salar.
- Preparar y picar la berza, pelar y trocear las patatas y partir el nabo en pequeños trozos.
- Añadir la berza y las patatas a la mezcla de alubias, hueso y costilla. Cuando empiece a hervir, agregar el nabo, el tocino y el chorizo y cocer todo junto a fuego lento para evitar que se pegue y para que la berza tome todo el jugo del resto de los ingredientes.
- Lavar la morcilla y pinchar con un tenedor, para que no reviente posteriormente.
- Tras comprobar que la berza está bien cocida, incorporar la morcilla al guiso y dejar cocer durante un buen rato, volteándola para que termine de hacerse si fuera necesario.

Coliflor
al horno

1 coliflor
50 g (1,8 oz) de queso rallado
Aceite de oliva virgen
Sal

Para la besamel:
40 g (1,4 oz) de mantequilla
40 g (1,4 oz) de harina
½ l (17 fl oz) de leche
Sal
Nuez moscada

- Limpiar la coliflor de hojas verdes, separar en ramitos la flor, lavar y cocer por poco tiempo en agua hirviendo con sal, pues han de quedar a medio hacer. Retirar del agua y dorar en un poco de aceite.

- Derretir en una cazuela aparte la mantequilla, echar luego la harina y remover para deshacer los grumos. Añadir poco a poco la leche hirviendo y continuar removiendo. Sazonar con sal y nuez moscada y, ya hecha, retirar la besamel del fuego e irle incorporando las yemas una a una.

- Disponer la coliflor en una bandeja de horno y derramar por encima la besamel, espolvoreando todo con el queso rallado y un chorrito de aceite para que se funda más rápidamente. Llevar a horno medio 20 min aproximadamente.

Coliflor
en ajada

1 coliflor
3 dientes de ajo
Aceite de oliva
Pimentón dulce
1 o 2 huevos cocidos
1 cs de vinagre
Sal

- Cocer la coliflor cortada en ramitos en agua con sal. Cuando esté tierna, escurrir y colocar en una fuente.

- Calentar en una sartén un cucharón de aceite y dorar los ajos cortados en láminas. Añadir el pimentón, dar unas vueltas y apartar del fuego. Agregar, a continuación, el vinagre, y verter la ajada sobre la coliflor. Servir adornada con el huevo crudo troceado.

Ensalada
china

1 taza de arroz
2 tazas de agua
2 huevos
Jamón o anchoas
Tomates o pimientos morrones
Aceitunas
Aceite
Sal
Ajo
Mahonesa

- Poner en una cazuela aceite con el ajo muy picadito y, sin que llegue a dorarse, echar el arroz. Rehogar bien, añadir el agua y cocer 20 min.
- Una vez a punto, disponer el arroz en una flanera y volcar seguidamente sobre una fuente. Adornar con unas tiras de jamón o anchoas, huevo duro, tomates o pimientos y aceitunas, y cubrir el conjunto con mahonesa.

Ensalada
de arroz

400 g (14 oz) de tomate
1 dl (34, fl oz) de aceite
100 g (3,5 oz) de arroz largo
2 cs de vinagre
400 g (14 oz) de patatas
200 g (7 oz) de aceitunas rellenas
Sal
1 lata de atún en aceite
1 huevo duro

- Cocer el arroz en abundante agua con sal, escurrir a los 15 min y pasar por agua fría. Reservar aparte.
- Elegir unos tomates redondos y maduros, del tamaño de las patatas, y cortarlos en rodajas de 0,5 cm (0,2 pulgadas) de grosor.
- Escoger unas patatas medianas iguales y cocerlas con su piel en agua fría con un poco de sal. Nada más cocer, refrescarlas en agua fría, pelarlas y hacerlas en rodajas del mismo grosor que los tomates.
- Colocar en el centro de una fuente una franja de arroz y, a los lados, las rodajas de tomate y de patata en escalera, separando las filas con una hilera de aceitunas y el atún picado menudito por encima.
- Aderezar todo ello con una salsa hecha con huevo duro muy picadito, aceite y vinagre. Servir en frío.

Ensalada
de judías verdes

½ kg (17 oz) de judías verdes
2 pimientos en conserva
2 huevos duros
200 g (7 oz) de patatas
150 g (5 oz) de aceitunas
rellenas
1 pepino

Para la salsa:
100 g (3,5 oz) de tomates
3 cs de vinagre
1 ½ dl (5 fl oz) de aceite
1 diente de ajo
1 cs de cebolla picada
Perejil
Sal

- Limpiar las judías, lavar y poner a cocer en agua con sal. Ya cocidas, refrescarlas en abundante agua fría y dejarlas a escurrir.
- Cocer las patatas con piel en agua con sal, pelarlas y cortarlas en cuadraditos. Disponer en el centro de una fuente grande las patatas, formando montículo, y distribuir las judías alrededor. Cortar los huevos en rodajas, depositarlos sobre las judías y, alrededor de las patatas, ir colocando las aceitunas.
- Adornar con tiras de pimiento.
- **Para la salsa:** poner en la batidora ajo, perejil y cebolla, y triturar bien. Añadir los tomates picados, el aceite y el vinagre, y salpimentar. Batir a fondo y repartir sobre la ensalada pasándola antes por un colador.
- Adornar la ensalada con rodajas de pepino.

Ensalada
imperial

1 pollo
1 manzanas reinetas
1 bote de piña mediano
Queso manchego o castellano
Salsa rosa
Mostaza

- Limpiar el pollo, asarlo al horno y desmenuzarlo una vez asado. Dejar enfriar.
- Pelar las manzanas, cortarlas en dados y mezclar con el pollo. Trocear la piña también en dados, así como el queso, e incorporar al pollo. Revolver, cubrir con salsa rosa y darle un toque de sabor con la mostaza y parte del jugo de piña.

Ensalada
marinera

1 lata de sardinas en aceite
6 filetes de anchoas
6 huevos duros
4 patatas cocidas
3 tomates
12 aceitunas rellenas
5 cs de aceite
3 cs de vinagre
Sal
Pimienta
1 cs de perejil picado
100 g (3,5 oz) de cebollitas en vinagre

- Mezclar aceite, vinagre, sal, pimienta y perejil en un bol.

- Cortar los huevos duros a la mitad y separar las yemas. Mezclar estas con el queso y las anchoas y aplastar todo bien para rellenar los huevos con esta mezcla. Decorar con una aceituna rellena encima.

- Cortar las patatas en rodajas, hacer los tomates gajos y condimentar con la mezcla previamente preparada.

- Colocar en una fuente las sardinas de forma escalonada, rodearlas con las cebollitas en vinagre y completar con las patatas, los huevos rellenos y los tomates. Consumir en frío, recién hecha.

Ensalada
mixta

Lechuga
Tomate
Bonito en aceite de oliva
Cebolleta
Aceitunas sin hueso
Huevo duro
Espárragos
Aceite de oliva virgen
Vinagre
Sal

- Lavar la lechuga, escurrir bien y cortar en trozos ni grandes ni pequeños.
- También lavados, trocear los tomates en cuartos y mezclar todo con las aceitunas, el bonito en trozos pequeños y el huevo duro cortado en cuatro trozos a lo largo.
- Aliñar con aceite, vinagre y sal.
- Revolver el conjunto y adornar la ensalada con unos espárragos.

Ensaladilla
rusa

2 huevos
4 patatas
1 bote de guisantes
2 zanahorias
1 remolacha cocida
100 g (3,5 oz) de aceitunas
sin hueso
1 lata de bonito en aceite
¼ kg (9 oz) de mahonesa
Lechuga
Sal

- Lavar a fondo las patatas y cocerlas con piel en agua con sal. Dejar enfriar un poco, pelar y cortar en cuadrados pequeños.
- Cocer los huevos en agua hirviendo durante 10 min. Dejar enfriar, pelar y picar finamente. Pelar las zanahorias, cocerlas en agua con sal y, una vez frías, pelarlas en cuadrados pequeños igual que las patatas. Agregar los guisantes, las zanahorias cortadas en trocitos, la remolacha picada menuda, el bonito desmenuzado y las aceitunas picadas.
- En la fuente en que vayamos a servir la ensalada, mezclar el huevo y las patatas.
- Mojar todo con una salsa mahonesa ligera y mezclar bien con cuidado. Cubrir con otra salsa mahonesa espesa y adornar con remolacha, zanahoria, aceitunas, etc.

Queda muy decorativa si cortamos la remolacha con un cortapastas, o hacemos la zanahoria en forma de tiras onduladas, etc.

Aunque estamos acostumbrados a utilizar espárragos en conserva, conviene recordar cómo limpiarlos y cocerlos cuando son frescos para poder prepararlos si los tenemos.

Espárragos

Espárragos frescos
Sal
Salsa mahonesa o vinagreta
(al gusto)

- Cortar primero la parte dura y después pelarlos, no rasparlos. Raspar suavemente las puntas en sentido contrario e irlas poniendo en agua fría.

- Verter en una cacerola agua y sal y, cuando rompa a hervir, echar los espárragos atados en manojitos de ocho o diez del mismo grosor, colocándolos en el mismo sentido. Dejar cocer a fuego suave (alrededor de 15 min), comprobando que están hechos cuando, al pinchar con un alfiler, este penetra fácilmente.

- Apartarlos entonces del calor, pues no conviene que cuezan demasiado, retirarlos de la cazuela y desatarlos con cuidado de que no se rompan. Escurrirlos y colocarlos en una fuente con las cabezas en el mismo sentido. Acompañar con una salsa mahonesa o vinagreta servida en salsera aparte.

Espinacas
a la crema

2 yemas
3 cs de harina
½ l (17 fl oz) de leche
1 kg (2,2 lb) de espinacas
Sal
Pimienta
75 g (2,6 oz) de mantequilla

- Lavar bien las espinacas y eliminar los tallos.
- Escurrir y picar.
- Derretir la mantequilla, sin dorar, rehogando en ella la harina, y agregando leche continuamente.
- Cocer todo junto y revolver sin parar, para evitar la formación de grumos, y sazonar con sal y pimienta.
- Echar las espinacas y mezclar todo sin dejar de revolver. Cocer a fuego suave durante 10 min.
- Una vez cocidas las espinacas, apartar del fuego e incorporar las 2 yemas, una tras otra. Remover la mezcla con rapidez.
- Servir en una fuente caliente.

Espinacas
con piñones y pasas

2 envases de espinacas congeladas, de 400 g (14 oz)
1 envase de piñones, de 60 g (2,1 oz)
1 tacita de pasas
1 envase de queso rallado
½ cebolla
Aceite de oliva virgen

Para la besamel:
½ l (17 fl oz) de leche
2 cs de harina
1 cs de mantequilla

- Cocer las espinacas sin descongelar previamente; escurrir bien y picar. Reservar.
- Freír en un poco de aceite la cebolla muy, muy picadita, junto con los piñones y las pasas remojadas en agua durante 2 h. Mezclar todo esto con las espinacas y trasladar a una fuente refractaria.
- Elaborar una besamel con los ingredientes indicados y mezclar con la mitad del queso rallado. Distribuir sobre las espinacas y espolvorear con la otra mitad del queso rallado. Repartir por encima unos montoncitos de mantequilla y pasar por el horno hasta gratinar.

Fabada
asturiana

½ kg (17 oz) de *fabes*
(alubias blancas)
225 g (8 oz) de chorizo
225 g (8 oz) de morcilla
50 g (1,8 oz) de jamón
125 g (4,4 oz) de tocino magro
1 cebolla
Un chorro de aceite
1 ct de pimentón dulce
Sal

- Poner las *fabes* en remojo toda la noche anterior. Ya para cocinarlas, colocarlas en una cacerola con agua fría. Remojarlas con una tacita de agua fría en el momento que comiencen a hervir, y así por tres veces (a esto se le llama *asustarlas*).

- Cuando hiervan por tercera vez, añadir la cebolla cortada en 3 o 4 trozos, el chorrito de aceite, el jamón cortado en dados, el chorizo, el tocino, la morcilla y el pimentón. Rectificar de sal al final de la cocción, una vez las *fabes* están tiernas.

- Dejar cocer despacio y siempre cubiertas por su salsa, pues si quedasen secas; al añadirle el agua, se les soltaría la cáscara y las legumbres se harían puré.

- La cocción ha de ser suave y sostenida.

Garbanzos
en salpicón

½ kg (17 oz) de garbanzos
2 o 3 patatas medianas
2 tomates medianos
2 huevos duros
1 cebolla
Perejil picado
Vinagre
Aceite de oliva
Sal

- Cocer 2 o 3 patatas sin pelar en agua con sal. Sacar del agua, dejar enfriar un poco, pelar y cortar en cuadraditos.

- Dejar los garbanzos a remojo la víspera. Ya para cocinarlos, calentar agua en una cacerola y, cuando rompa el hervor, echar los garbanzos. Proseguir la cocción hasta que estén blandos. Si hiciera falta, añadirles más agua, que ha de estar caliente.

- Escurrir bien y pasar los garbanzos a una fuente con las patatas. Agregar los tomates cortados en pequeños trozos.

- Aparte, preparar en una taza el salpicón con aceite, vinagre, cebolla, perejil y el huevo duro, todo picado. Revolver todo bien, volcar sobre los garbanzos y servir fríos.

Guisantes
con jamón

½ cebollita
50 g (1,8 oz) de mantequilla
200 g (7 oz) de jamón jugoso
½ kg (17 oz) de guisantes tiernos
Extracto de carne

- Derretir la mantequilla en una sartén y agregar la cebolla muy picadita.
- Cuando la mezcla vaya adquiriendo color, echar el jamón cortado en cuadraditos, procurando que contenga algo de tocino.
- Acto seguido, añadir los guisantes.
- Tras rehogarlos, incorporar ½ ct de extracto de carne disuelto en una pequeña cantidad de agua.
- Posteriormente, dejar cocer a fuego lento un mínimo de 30 min hasta que los guisantes estén blandos.

Judías
al horno

Judías
150 g (5 oz) de jamón
Salsa de tomate
¼ l (9 fl oz) de leche
1 cs de harina
Queso rallado

- Cocer las judías y rehogarlas con jamón y salsa de tomate. Colocarlas en una fuente de horno.
- Hacer una besamel con la leche, la harina y la mantequilla; echársela por encima a las judías. Espolvorearlas con queso rallado.
- Gratinar.

Judías verdes
con patatas

¾ kg (26,5 oz) de judías
¾ kg (26,5 oz) de patatas
2 dientes de ajo
1 cebolla
4 cs de aceite
Sal
2 tomates

- Pelar y trocear las patatas. Deshebrar las judías. Partir de acuerdo a su tamaño: a la mitad si son delgadas y a lo largo si son anchas.
- Hervir en sal y abundante agua durante 30 min; a continuación, escurrir y reservar.
- En el aceite, freír la cebolla y los ajos picados, y cuando estén dorados, añadir los tomates pelados y troceados.
- Presentar las judías y las patatas en una fuente y recubrir con el sofrito de tomate.

Judías verdes
con tomate

¾ kg (26,5 oz) de judías
Salsa de tomate
2 dientes de ajo
Aceite
Sal

- Hervir en una cacerola agua con sal y cocer las judías. Sacar del agua y escurrirlas bien.

- Echar unas gotas de aceite en una sartén y dorar los dientes de ajo. Cuando están bien dorados, pero sin quemarse, pasar las judías y rehogar; agregarles también la salsa de tomate. Mezclar bien y servir.

- Se pueden acompañar con unos huevos duros cortados a la mitad.

Lentejas
guisadas

350 g (12,3 oz) de lentejas
1 cebolla
3 tomates
4 trozos de chorizo curado
1 trozo de jamón
1 trozo pequeño de tocino
2 hojas de laurel
Aceite de oliva
Sal
Perejil

- Lavar bien las lentejas, ponerlas luego en una cazuela y cubrirlas de agua y una hoja de laurel. Nada más rompan a hervir, refrescar con agua fría; al volver a hervir, añadirles agua fría de nuevo, y así hasta tres veces. Todo esto si no se han puesto a remojo; si están remojadas, solo se cubren de agua.

- Cortar en dados el tocino y freír en una sartén con aceite hasta que esté torrado. Retirar el tocino y en esa grasa freír también la cebolla picada y el perejil. Cuando empiece a dorarse, echar los tomates pelados y aplastados con un tenedor. Cocer unos instantes y, luego, incorporar el chorizo y el jamón cortados en trocitos. Proseguir la cocción lentamente y volcar sobre las lentejas, dejándolas hervir un poco más.

- Resulta muy agradecido el plato si se le pone también un diente de ajo.

Lombarda
con reinetas

2 manzanas reinetas
1 kg (2,2 lb) de lombarda
1 cs de vinagre
4 dientes de ajo
1 vaso pequeño de vino tinto
Aceite
Sal

- Lavar la lombarda. Quitar el tronco y la parte central y dura de las hojas y picar muy fino.
- Pelar las manzanas, partiéndolas en rodajas finísimas, y echar con la lombarda.
- Cocer en agua hirviendo con sal durante 30 min hasta que la lombarda esté blanda. Escurrir bien.
- Poner aceite en una sartén y freír los ajos sin que lleguen a dorarse.
- Quitar del fuego, retirar los ajos y verter sobre el aceite 1 vaso pequeño de vino tinto. Incorporar la salsa a la lombarda y mezclar bien.
- Por último, agregar 1 cs de vinagre, remover y servir.

Menestra

200 g (7 oz) de guisantes
200 g (7 oz) de zanahorias
200 g (7 oz) de espinacas
200 g (7 oz) de acelgas
200 g (7 oz) de coliflor
200 g (7 oz) de coles de
Bruselas
200 g (7 oz) de alcachofas
1 lechuga pequeña
2 o 3 patatas
1 cebolla grande
Una punta de jamón
Perejil
Aceite de oliva
2 huevos cocidos
Pan para freír

- Pelar los guisantes. Pelar también las zanahorias y cortarlas en pequeñas rodajas. Lavar el resto de las verduras y cortarlas en trozos. Verter aceite en una cazuela grande, hasta cubrir el fondo, y freír la cebolla picada y el perejil. Cortarle al jamón el tocino que tenga, picarlo y dorarlo junto con la cebolla y el perejil. Trocear el magro en cuadraditos y reservar.

- Cuando la cebolla comience a dorarse, ir dorando también las verduras en el aceite, comenzando por las más duras: las zanahorias, los guisantes, etc. Poner en último lugar las coles de Bruselas y la coliflor cortada en manojitos, evitando desde ese momento darle más vueltas para que no se deshagan.

- Freír en sartén aparte las patatas cortadas en cuadraditos e incorporarlas a las verduras. Repartir por encima los taquitos de jamón y cocer lentamente. No poner agua, pues las verduras ya sueltan suficiente, principalmente las lechugas.

- Cortar en rodajas los huevos cocidos y freír unas rebanadas de pan.

- Disponer todo lo cocido ordenadamente en una fuente honda y presentar adornado con las rodajitas de huevo duro y el pan frito.

Patatas
a la importancia

1 kg (2,2 lb) de patatas
2 huevos
2 cs de cebolla picada
1 cs de perejil picado
2 dientes de ajo
Sal
Azafrán
Pimienta
Aceite

- Pelar las patatas y cortar en rodajas un poco gruesas. Rebozar en harina y huevo batido, freír en aceite caliente y colocar en una cazuela.
- En una sartén, con el aceite que sobró de freír las patatas, pochar la cebolla; cuando esté blanda, añadir el perejil picado y el ajo machacado.
- Verter el refrito sobre las patatas, salpimentar y añadir el azafrán disuelto en agua.
- Cubrir las patatas con agua o caldo y dejar cocer a fuego lento hasta que estén tiernas.
- Servir en la misma cazuela.

Patatas
a lo pobre

1 kg (2,2 lb) de patatas
½ cebolla
1 pimiento rojo
1 pimiento verde
Ajo
Perejil
Vinagre
Aceite

- Pelar las patatas y cortar en rodajas. Freír a fuego bajo y, en el último momento, subir la temperatura hasta que se doren ligeramente y queden pegadas.
- Cortar la cebolla en aros finos y los pimientos, en tiras finas. A mitad de la fritura, añadir la cebolla y los pimientos.
- Elaborar un majado con el ajo, el perejil y un chorrito de vinagre. Un momento antes de retirarlas del fuego, quitar la mayoría del aceite. Añadir el majado elaborado anteriormente y darle unas vueltas.

Patatas
con costilla de cerdo

- Cortar en trozos los pimientos y picar la cebolla y el ajo.

- En una cazuela, poner el aceite a calentar, echar los pimientos y sofreír un poco. Agregar después la cebolla y el ajo y dejar pochar.

- Añadir la costilla, rehogar todo bien y dejar cocer un poco, tras incorporar el vino blanco.

- A continuación, agregar 1 cs de harina, 1 ct de pimentón, cubrir con agua y dejar cocer durante 20 min.

- Pelar las patatas, trocearlas y añadir a la cocción. Agregar la sal y la hoja de laurel y dejar cocer otros 25 min.

- Retirar del fuego y servir.

650 g (23 oz) de costilla de cerdo adobada (en trozos pequeños)
650 g (23 oz) de patatas
¼ cebolla picada
2 dientes de ajo
1 hoja de laurel
1 cs de harina
1 ct de pimentón
1 vaso pequeño de vino blanco
1 pimiento
Sal

Patatas
rellenas con queso

2 patatas
70 g (2,4 oz) de mantequilla
50 g (1,8 oz) de harina
¼ l (9 fl oz) de leche
1 yema de huevo
50 g (1,8 oz) de queso rallado
100 g (3,5 oz) de jamón de York
en una sola loncha
Sal
Nuez moscada

- Pelar las patatas, trocearlas a la mitad en sentido vertical y formar un hueco en el centro. Cortar luego un trocito del fondo, como base para que no se caigan. Hervir en agua con sal, retirarlas a los 5 min y dejar que enfríen dispuestas sobre un paño.
- Derretir en una cacerola aparte 50 g (1,8 oz) de mantequilla, agregar después la harina y verter la leche fría toda a la vez, removiendo sin parar durante 10 min. Añadir sal y nuez moscada, apartar del fuego y dejar enfriar. Incorporar la yema de huevo, el queso y el jamón cortado en dados. Rellenar con esta preparación las patatas y hornear en una fuente untada con mantequilla.

Patatas
salteadas

1 kg (2,2 lb) de patatas pequeñas
30 g (1 oz) de mantequilla
Perejil
Sal

- Poner a cocer las patatas con la piel en agua fría con sal y dejarlas hasta que estén tiernas, pero sin deshacerse.
- Esperar a que enfríen un poco, pelarlas seguidamente y saltearlas en la sartén con la mantequilla derretida. Dejarlas hasta que se doren ligeramente y espolvorear con perejil picado.

Para alegrarlas un poco, se pueden acompañar con huevos cocidos.

Patatas
viudas

1 kg (2,2 lb) de patatas
1 cebolla
Sal
Aceite de oliva
1 cs de pimentón

- Pelar las patatas, cortarlas en rodajas y cocer en agua con sal. Ya cocidas y escurridas, pasarlas a una fuente.
- Calentar aceite en una sartén y pochar bien la cebolla cortada en gajos finos a lo largo. Dejar enfriar un poco, incorporar el pimentón dulce y volcar sobre las patatas antes de degustarlas.

Pimientos rellenos
con arroz y champiñones

8 pimientos grandes
300 g (10,6 oz) de champiñones
1 cebolla
1 diente de ajo
300 g (10,6 oz) de arroz largo
Sal
Aceite

- Lavar los pimientos y prepararlos para rellenar. Para ello, quitarles los tallos de la siguiente manera: empujar para dentro y después tirar hacia fuera, ya que así salen al mismo el corazón y las semillas. Limpiar bien por dentro.

- Cocer en agua con sal el arroz durante 8 min, escurrir, refrescar y reservar.

- Picar la cebolla y el ajo y pochar bien en unas gotas de aceite. Una vez limpios, lavados y laminados, incorporar los champiñones a la cebolla y cocer a fuego lento hasta que se consuma toda el agua.

- Mezclar el arroz con los champiñones y rellenar los pimientos. Pasarlos a una fuente refractaria y rociar con aceite. Finalmente, llevar al horno durante 1 h hasta que los pimientos estén blandos.

Pisto
manchego

½ kg (17 oz) de cebollas
¼ kg (9 oz) de pimientos verdes
½ kg (17 oz) de calabacines
1 kg (2,2 lb) de tomates
1 dl (3,4 fl oz) de aceite
150 g (5 oz) de bonito en
escabeche
1 hoja de laurel

- Picar las cebollas menudo. Limpiar de semillas los pimientos y cortarlos en cuadraditos. Pelar los tomates y quitarles las semillas, cortándolos en taquitos. Los calabacines, pelarlos asimismo y trocearlos en dados.

- Calentar el aceite en una sartén y rehogar las cebollas y los pimientos. Añadir los calabacines, el tomate y la hoja de laurel. Salar y cocer hasta que estén tiernos.

- Incorporar en último lugar el bonito desmenuzado, dar un nuevo hervor y rematar con unos costrones de pan frito.

Porrusalda

1 manojo de puerros
400 g (14 oz) de patatas
200 g (7 oz) de zanahorias
1 cebolleta fresca
6 cs de aceite de oliva
Sal

- Cortar la cebolleta en cuadraditos. Limpiar las patatas, pelarlas y cortarlas en trozos irregulares. Pelar la zanahoria y cortarla en rodajas. Limpiar y trocear los puerros.
- Poner la cebolleta en una cazuela con aceite para cocinarla a fuego suave. Cuando esté pochada, añadir la patata y la zanahoria. Rehogar el conjunto y mojar con agua o caldo justo hasta cubrir las patatas.
- Una vez que comienza a hervir, añadir los puerros y una pizca de sal, tapar la cazuela y dejar cocer a fuego suave durante 40 min. Cuando las patatas estén cocidas, retirar la cazuela del fuego, poner a punto de sal y tapar la cazuela para que el guiso repose. Servir.

Potaje

¼ kg (9 oz) de judías blancas
¼ kg (9 oz) de garbanzos
¼ kg (9 oz) de patatas
1 tacita de arroz
1 cebolla mediana
3 dientes de ajo
Aceite
Sal

- Poner a remojo la víspera los garbanzos y las judías blancas por separado. Cocer al día siguiente las judías en un puchero con agua fría y, al romper el hervor, agregamos los garbanzos. Dejar así ambas legumbres hasta que estén blandas, pero sin que lleguen a hacerse del todo. Incorporar luego las patatas cortadas en dados pequeños y el arroz.
- Mantener la cocción y, cuando esté todo tierno, pochar la cebolla cortada en tiras y los ajos en láminas en una sartén con un poco de aceite. Dorar bien y echar el aceite sobre el potaje, colándolo por un colador. Revolver el conjunto, cocer todo junto un ratito y servir.

Debemos tener cuidado de no poner mucha agua; es preferible tener una cazuela con agua caliente, por si hay necesidad de añadirle más en caso de que espese demasiado.

Potaje
de vigilia

200 g (7 oz) de garbanzos
½ kg (17 oz) de patatas
1 cebolla
2 dientes de ajo
4 cs de arroz
100 g (3,5 oz) de bacalao
desalado
1 vaso de aceite
1 cs de pimentón
Acelgas, espinacas o grelos
Sal

- Poner los garbanzos en remojo el día anterior. Cocer en una olla grande con abundante agua.

- Cuando estén a media cocción, agregar las patatas peladas y muy picadas, el arroz y la verdura, lavada y troceada muy menudo, y el bacalao, en pedacitos pequeños.

- En una sartén con aceite, pochar la cebolla y los ajos, retirar del fuego cuando esté tierna la cebolla y agregar el pimentón.

- Volcar luego el rustido sobre el potaje y dejar cocer hasta que las patatas estén casi deshechas.

Pote

¼ kg (9 oz) de garbanzos
¼ kg (9 oz) de judías verdes
1 cebolla
4 o 5 dientes de ajo
1 pimiento verde
Pimentón
Sal
1 pastilla de caldo de ave
1 o 2 tomates

- Poner a remojo los garbanzos la noche anterior. Echar un poco de aceite en una cazuela y, a fuego lento, freír en ella la cebolla cortada en rodajas finas. Nada más se vea un poco pasada, agregar los dientes de ajo laminados y el pimiento cortado en tiras.

- Cuando todo esté tierno, incorporar las judías y, a continuación, los tomates pelados y cortados en cuatro trozos. Condimentar con la pastilla de caldo, rectificar de sal, poner una pizca de pimentón dulce y cocer el conjunto a fuego lento.

- Cocer aparte los garbanzos en agua con sal. En cuanto se vea que enternecen, escurrir y volcar sobre el guiso. Dejar cocer a fuego lento hasta que esté todo a punto.

- Si espesa demasiado, se puede añadir un poco de agua.

Puerros
gratinados

8 puerros
8 huevos cocidos
1 trozo de jamón serrano
Salsa besamel
Queso rallado

• Una vez limpios, cocer los puerros en agua con sal, cortarlos en rodajas y colocarlos en una fuente refractaria. Depositar encima el jamón cortado en cuadraditos, formar sobre este una capa con los huevos cocidos cortados en rodajas finas, y napar todo con besamel.

• Espolvorear con queso rallado y meter al horno a gratinar.

Rancho

Garbanzos
Macarrones
Tocino
Costilla de cerdo salada
Chorizo
1 tomate, 1 cebolla
2 dientes de ajo
Perejil, patatas, aceite

- Picar la cebolla y dorarla en una cazuela con un poco de aceite.
- Quitar la piel y las semillas al tomate. Cuando tome color, añadirlo. Majar los ajos y el perejil e incorporarlo. Cortar en trocitos el chorizo, y añadírselo, junto al tocino y la costilla. Dorarlo todo y añadir el agua.
- Cortar las patatas en trozos pequeños y cocer los garbanzos. Cuando hierva el agua, echar las patatas, los garbanzos y los macarrones. Dejar hervir hasta que todo esté cocido.

Repollo
con salchichas

1 repollo grande
1 cebolla
1 hueso de jamón Un chorro de vinagre
½ vaso de aceite
Sal
Salchichas
Mostaza

- Quitar una a una las hojas del repollo, eliminando los nervios más gruesos, y desechar el troncho. Lavar, escurrir y cortar en tiras finas. Cortar la cebolla en rodajas finas y pochar en el aceite. Cuando empiece a tomar color, añadir las tiras de repollo, remover con un tenedor y rehogar bien hasta dorarlas un poco.
- Lavar el hueso de jamón y juntarlo también con lo anterior. Regar con un chorretón de vinagre y aderezar con la sal. Mantener la cocción a fuego lento hasta que ablande el repollo, dándole vueltas de vez en cuando. Si estuviera demasiado seco, ponerle un poco de agua, pero cuidando que no sea demasiada, ya que ha de quedar seco.
- Servir el repollo con unas salchichas fritas y acompañar con mostaza al gusto.

Repollo frito

1 repollo
Mantequilla
Aceite
Pimienta negra y sal

- Poner en una sartén un poco de aceite y mantequilla (2 cs de cada) y añadir el repollo limpio y cortado menudo. Salpimentar y dejar que se haga a fuego lento, hasta que ablande y se vea tierno.

Rollitos
de primavera

½ repollo
2 zanahorias
1 cebolla mediana
300 g (10,6 oz) de carne de cerdo picada, aprox.
Salsa agridulce
Aceite de oliva virgen
Filloas de caldo muy finas

- Elaborar en primer lugar las «filloas de caldo» y, después, preparar el relleno.

- Cortar el repollo en juliana fina. Pelar las zanahorias y rallarlas.

- Pochar la cebolla picada en un poco de aceite, agregar la carne picada y saltear. Incorporar las verduras y saltear hasta que el repollo esté blando.

- Rellenar las filloas (han de ser muy finas), enrollar y cerrar por los lados. Freír en abundante aceite caliente hasta que estén bien doraditos y crujientes.

- Colocar los rollitos sobre papel absorbente para que escurra el aceite sobrante. Servirlos calientes con salsa agridulce.

Rollitos
de repollo

200 g (7 oz) de carne picada
100 g (3,5 oz) de mortadela
50 g (1,8 oz) de queso rallado
¼ kg (9 oz) de tomate
1 huevo
Leche
1 repollo pequeño
Perejil
½ cebolla
1 diente de ajo
Miga de pan
Sal
Salsa de tomate casera

- Quitarle al repollo las hojas duras y escoger una docena de las mejores, a ser posible, del mismo tamaño. Poner al fuego un puchero con agua y sal y, cuando rompa a hervir, echar las hojas de repollo y, tras 2 o 3 min, retirarlas con una espumadera. Poner a escurrir evitando amontonarlas.

- Picar muy fino el perejil, el ajo y la mortadela. Remojar la miga de pan en leche. Disponer la carne picada, el perejil, el ajo, la mortadela, el queso, la miga de pan bien escurrida, la sal y el huevo batido en un bol. Mezclar todo bien y, sobre cada hoja de repollo, ir poniendo un montoncito del relleno, prensándolo un poco con un tenedor. Enrollar cuidando de que el relleno no se salga y atarlo luego con un hilo.

- Echar la salsa de tomate sobre una cazuela hasta cubrir el fondo. Colocar los rollitos y cocerlos unos 30 min, cuidando de darles la vuelta a media cocción. Servir el resto de la salsa en salsera aparte.

Rollo de puré de patatas
con espinacas

1 kg (2,2 lb) de patatas
100 g (3,5 oz) de mantequilla
Leche
½ kg (17 oz) de espinacas
50 g (1,8 oz) de queso rallado
50 g (1,8 oz) de jamón de York
1 huevo
Nuez moscada
Sal
¼ kg (9 oz)de champiñones
1 cs de tomate concentrado
1 cebolla
Perejil

• Cocer las espinacas, escurrir bien y picar. Mezclar el queso rallado, el jamón de York picado, un poco de nuez moscada, sal y un huevo batido. Juntar todo bien.

• Calentar en una sartén 50 g (1,8 oz) de mantequilla y dos cucharadas de aceite y dorar la cebolla picada menuda. Cuando adquiera color, agregar los champiñones lavados y cortados en láminas y cocer hasta consumir el agua que sueltan. Incorporar la cucharada de tomate concentrado y el perejil picado y unir todo ello a las espinacas, mezclando todo bien.

• Lavar las patatas, cocer con la piel y pelar en caliente; luego, siempre en caliente, pasar por el pasapurés. Añadir 50 g (1,8 oz) de mantequilla y un chorro de leche caliente, hacer un puré que resulte seco y extender sobre un paño espolvoreado de pan rallado. Repartir el relleno sobre el puré, enrollarlo con la ayuda del paño y dejarlo caer en una fuente alargada.

• Este rollo de puré combina muy bien con salsa de tomate, mahonesa o besamel.

Setas
al ajo picado

400 g (14 oz) de setas
Aceite de oliva
Sal
Ajo
Perejil

- Limpiar las setas y, si conservan algo de tronco, cortarlo y trocearlo en rodajitas.
- Calentar aceite en una sartén y dorar 3 dientes de ajo cortados en láminas. Una vez dorados, retirar de la sartén y, en el mismo aceite, freír las setas a fuego vivo y rápido, dándoles la vuelta con una espumadera.
- Colocar las setas en una fuente con la parte de las estrías para arriba y salar. Aderezar con ajo y perejil, todo muy picadito, y comer al instante.

La setas deben prepararse en el momento de servirlas, pues de no ser así, desmerecen en su presentación al ser su confección muy rápida. Salpimentar las setas una vez cocinadas, nunca en crudo.

Setas
al jerez

400 g (14 oz) de setas
100 g (3,5 oz) de mantequilla
1 cs de aceite
1 vasito de jerez seco
200 g (7 oz) de nata
Sal
Pimienta

- Una vez limpias las setas, cortarlas en tiras y pasarlas por una sartén con la mantequilla y el aceite.
- Nada más evaporar el agua que sueltan, añadir el jerez, la nata, la sal y la pimienta.
- Dejar que la preparación ligue unos minutos y servir.

Setas
con jamón

400 g (14 oz) de setas
5 dientes de ajo
100 g (3,5 oz) de jamón serrano

- Limpiar las setas y trocearlas. Pelar los ajos y cortarlos en láminas finas.

- Echar aceite en una sartén y saltear los ajos. Cuando empiecen a dorarse, agregar las setas y saltear hasta que estén casi hechas. Añadir el jamón picado menudo y rehogar todo unos minutos más.

Suflé
de coliflor

1 coliflor pequeña
1 patata mediana
1 cs de mantequilla
1 cs de harina
1 dl (3,4 fl oz) de leche
50 g (1,8 oz) de queso gruyer rallado
3 huevos
Sal

- Cocer la patata y la coliflor en agua con sal. Elaborar una besamel con la leche, la harina y la mantequilla. Incorporar asimismo el queso, la sal y la patata y la coliflor, previamente trituradas, y las yemas de los huevos.

- Batir las claras a punto de nieve y agregarlas al conjunto dejándolas caer muy despacio y revolviendo con la espátula de abajo arriba. Volcar esta pasta en un molde alto, previamente untado con mantequilla, y llevar a horno medio hasta que esté dorado.

Tomates
rellenos de bonito

8 tomates
1 lata de bonito
Salsa mahonesa
3 huevos duros
16 aceitunas rellenas

- Lavar los tomates, secarlos y cortarles una capa por la parte de arriba. Extraer las semillas y la pulpa con cuidado para que no se rompan.

- Pelar los huevos, cortar uno en rodajas y reservar. Picar el resto en trozos pequeños y mezclar con el bonito desmenuzado.

- Picar las aceitunas, reservando ocho para adornar, y agregarlas al bonito. Añadir mahonesa al gusto y mezclar todo bien.

- Rellenar los tomates con la mezcla preparada y adornar cada uno de ellos con una rodaja de huevo y una aceituna. Servir fríos.

Verduras
al ajillo

200 g (7 oz) de espinacas
200 g (7 oz) de coles de Bruselas
200 g (7 oz) de guisantes
4 zanahorias
200 g (7 oz) de judías verdes
4 o 5 dientes de ajo
Aceite
Sal

- Cocer las verduras en agua caliente con sal y escurrir.

- Poner unas gotas de aceite en una cazuela y dorar los ajos cortados a lo largo en láminas.

- Echar las verduras una vez los ajos hayan dorado, rehogándolas un instante hasta que absorban bien el sabor.

- Servir caliente.

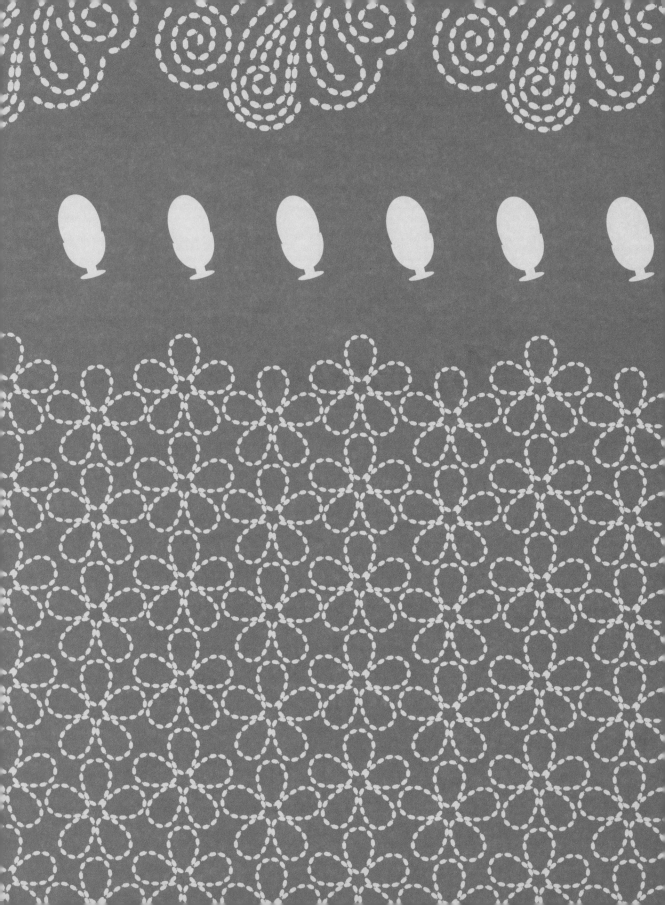

Huevos

Huevos
a la flamenca

4 huevos
8 rodajas de chorizo
8 lonchas de jamón
1 bote de guisantes
1 bote de pimiento morrón
Aceite o mantequilla

- Derramar unas gotas de aceite o poner un poco de mantequilla en platos individuales de horno.

- Cascar un huevo en cada plato y distribuir alrededor unas rodajas de chorizo, unos dados de jamón, guisantes ya cocidos y un poco de pimiento morrón picado. Hornear la preparación, retirar una vez empiece a blanquear la clara y servir recién hechos.

Huevos al nido
con champiñones

6 panes alcachofa
½ kg (17 oz) de champiñones
50 g (1,8 oz) de jamón
3 cs de leche
Cebolla
Ajo
6 huevos
Sal
Aceite

- Limpiar, lavar y cortar los champiñones en rodajitas.

- Derramar unas gotas de aceite en una sartén y freír una cebolla cebolla mediana y 1 o 2 dientes de ajo, ambos picados. Una vez empiecen a dorarse, echar los champiñones y rehogar ligeramente; añadirles luego el jamón muy picadito, la leche y la sal. Cocer a fuego lento, hasta consumir el agua que sueltan los champiñones.

- Hacerles un redondel a los bollitos de pan con la punta de un cuchillo y sacarles la miga. Rellenar con los champiñones y poner una yema de huevo en cada uno. Batir las claras a punto de nieve y colocar un montoncito sobre cada pan.

- Calentar el aceite en una sartén honda y freír en ella los panes, cuidando de echar el aceite con una espumadera por encima para que se haga todo por igual y dorar la clara.

Huevos
al plato

8 huevos
8 lonchas de jamón serrano
100 g (3,5 oz) de chorizo
200 g (7 oz) de guisantes de lata
¼ l (9 fl oz) de salsa de tomate
Aceite de oliva

- Trocear el chorizo y el jamón. Colocarlos en cazuelitas de barro individuales, junto con un poco de aceite. Meter las cazuelitas al horno.

- Echar los huevos, la salsa de tomate y los guisantes cuando se deshaga la grasa del chorizo.

- Poner los huevos a calor suave. Sacarlos cuando la clara esté cuajada.

Otras preparaciones alternativas pueden ser:

- Poner en el fondo de cada cazuelita un poco de mantequilla, añadirle sal y acercarla al calor solo para que se derrita. Cascar encima 1 o 2 huevos, rociar con 1 cs de crema de leche por encima y hornear hasta que las claras cuajen.

- Recubrir las cazuelitas con jamón serrano, jamón de York o beicon, cascar los huevos encima y espolvorear con queso rallado o colocar una loncha fina de queso. Pasar por el horno hasta que la clara esté cuajada.

- Depositar en las cazuelitas 1 o 2 cs de salsa de tomate gordita, cascar los huevos y repartir alrededor unas rodajitas de chorizo. Llevar al horno.

Ordenar las cazuelitas individuales en la bandeja del horno, poner un poco de agua caliente en el fondo de estas y hacer a horno fuerte durante 2 o 3 min.

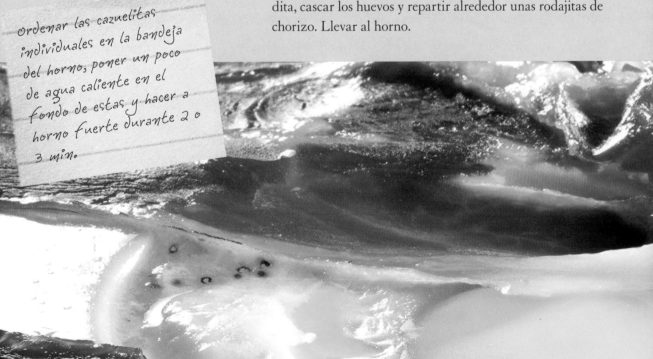

Huevos
con gambas

10 huevos
½ kg (17 oz) de gambas
1 taza de mahonesa
100 g (3,5 oz) de aceitunas
deshuesadas
1 lechuga
Sal
Aceite
Vinagre

- Cocer los huevos, refrescarlos y retirarles la cáscara. Trocearlos a la mitad a lo largo y reservar las yemas, cuidando de no romper las claras. Rellenar estas con las gambas previamente cocidas, peladas y cortadas en 2 o 3 trozos. Cubrir cada medio huevo con la salsa mahonesa espesa y mojar el centro con una gota de kétchup.

- En una fuente redonda u ovalada, repartir las claras rellenas alrededor y disponer el picado de las yemas con las aceitunas picadas, todo mezclado, en el centro. Distribuir por el borde de la fuente, rodeando las claras, un poco de lechuga picada.

- Poner la salsa mahonesa en una salsera aparte.

Huevos
en salsa verde

8 huevos cocidos
Cebolla picada
1 chorrito de jerez
Jamón en cuadraditos o lonchas
pequeñas
1 ct de harina
Perejil

- Hacer un sofrito en la sartén con bastante cebolla picada muy menuda, moviéndola de vez en cuando para que no se dore demasiado. Agregarle la harina y el jerez.

- Pasar este preparado a una cazuela, añadirle el jamón y distribuir los huevos por encima (previamente cortados a la mitad, a lo largo) con la yema hacia arriba. Espolvorear con bastante perejil picado y cocer a fuego suave unos min, dándole un ligero vaivén.

Huevos
escalfados

Huevos frescos
Vinagre o zumo de limón
Agua

- Llevar al fuego una sartén honda o una cacerola con agua y un chorrito de vinagre o zumo de limón. No poner sal, pues cuajan mejor. Cuando hierva a borbotones, echar el huevo a ras de agua con la ayuda de una tacita, sumergiendo esta un poco dentro de ella, pues así la clara queda más recogida.

- También existen unos aros especiales para ello, quedando así mejor formados. Si no se tienen, ir recogiendo la clara con la espumadera alrededor de la yema. Retirar y disponer en la fuente. Como punto final, darle un toque personal, al gusto de cada uno.

Seleccionar para esta receta huevos muy frescos. Con los huevos escalfados se preparan numerosos platos.

Huevos
fritos

Huevos frescos
Aceite de oliva

- Para conseguir que los huevos fritos no se rompan en la sartén o la espumadera, lo más apropiado para asegurar el éxito es disponer de una sartén y una espumadera antiadherentes solamente para freír estos.

- Para que los huevos fritos resulten con la clara blanca y blanda, freírlos en aceite poco caliente. Si lo que se prefieren es con «puntilla», o sea, con la clara crocante y dorada, pasarlos por el aceite bastante caliente.

- Para evitar quemaduras, cascar el huevo en una tacita y echarlo en la sartén cerca del aceite, evitando gotas sueltas, pues estas pueden hacer que el aceite salte.

- Con la espumadera, ir salpicando aceite sobre el huevo, cuidando de no freír demasiado la yema, solamente hasta que la clara haya cuajado.

- Los huevos fritos admiten todo tipo de guarniciones.

Huevos
fritos al nido

6 huevos
25 g (0,9 oz) de mantequilla
Pan de molde entero
6 cs de leche
Aceite

- Cortar 6 rebanadas de pan de molde de dos dedos de alto, hacer un hueco con un cuchillo y retirar parte de la miga sin que llegue abajo (en forma de cazuelita). Rellenar este hueco con 1 cs de leche y una bolita de mantequilla.

- Freír una rebanada en una sartén con abundante aceite caliente y, cuando está un poco frita, cascar un huevo encima para que la yema quede justo en el hueco (la clara se esparce y cubre el costrón).

- Ir echando aceite por encima con la espumadera o paleta. Cuando la clara esté ya casi frita, llevarla a una fuente.

- Freír los otros huevos de la misma forma e ir ordenándolos alrededor de una fuente. Cuando estén todos, regar el centro con salsa de tomate.

Huevos
gambusinos

1 kg (2,2 lb) de gambas
8 huevos
Salsa mahonesa
1 cs de kétchup
1 cs de coñac
1 vasito de nata

- Añadir 1 cs de kétchup, el coñac y la nata a la mahonesa. Derramar después esta salsa sobre la superficie de una fuente.

- Cocer las gambas con laurel y sal, pelar y repartir de forma ordenada por el contorno de la fuente.

- Cocer los huevos, cortarlos por la mitad y distribuirlos por el centro de la fuente.

Huevos
pasados por agua o en camisa

Huevos frescos
Sal
Copas especiales

- Se denomina de este modo a los huevos que tienen la clara cuajada y la yema cruda. Para conseguirlo, han de cocer solamente 3 min. Echarlos en el agua hirviendo y contar el tiempo a partir del momento que comienza de nuevo la ebullición.

- Acomodarlos, con su cáscara, en copas especiales para ellos. Golpear un poco el extremo del huevo que sobresale con una cucharilla, pelar esa parte y salar con el salero a medida que se degusta con la cucharilla.

Huevos
rellenos

1 lata de bonito
¼ l de leche
2 cs de harina
1 ct de mantequilla
aceite de oliva
½ cebolla
Salsa mahonesa

- Cocer los huevos, cortar por la mitad a lo largo y retirar las yemas. Reservar.

- Picar la cebolla muy menuda y dorar en mantequilla con 2 cs de aceite. Nada más empiece a tomar color, añadirle la harina. Revolver rápido e incorporar la leche ya caliente. Agregar el bonito desmenuzado y las yemas de huevo picadas a esta besamel (reservar tres o cuatro para espolvorear por encima).

- Mezclar todo bien, rellenar los huevos con ello y disponerlos en una fuente. Regar con la salsa mahonesa hasta cubrirlos y repartir las yemas reservadas por encima, previamente picadas.

Tortilla
de patata

Aceite
4 huevos
Sal
Si gusta con cebolla, media de tamaño mediano
¾ kg (26,5 oz) de patatas

- Pelar las patatas, lavar y cortar en redondo un poco más gruesas que las patatas a la inglesa. Sazonar con sal y pasar por la sartén con el aceite humeante (si no está bien caliente, la tortilla se pegará).

- Si se desea la tortilla con cebolla, picar esta y echarla sobre las patatas. Revolver con un tenedor, esperar un ratito y remover de nuevo (han de revolverse con bastante frecuencia a fin de que las patatas queden blandas y se deshagan). Retirar una vez hayan ablandado, escurrirlas con la espumadera y depositarlas sobre los huevos, que estarán ya batidos en un bol.

- Escurrir el aceite de la sartén y, con el fondo aceitado, echar solo los huevos y las patatas. Dejar unos instantes, mover con ligeras sacudidas la sartén y darles la vuelta con un plato, una tapadera o una *viradeira*. Dejarla doradita por igual y pasarla a una fuente redonda para saborearla calentita.

Si se desea que la tortilla salga más jugosa, echarle un chorrito de agua al batir los huevos.

Tortilla
en pisos

8 huevos
1 envase de espinacas congeladas
1 cebolla
1 diente de ajo
50 g (1,8 oz) de jamón
1 lata pequeña de puntas de espárragos
1 bote pequeño de guisantes
Patatas
Aceite
Mantequilla
Salsa de tomate
Sal

- Hacer cuatro tortillas de dos huevos cada una.
  - **De patata.** Elaborar una tortilla de patata, no muy alta, y dejarla sobre una fuente redonda.
  - **De espinacas.** Cocer las espinacas y escurrirlas bien, apretándolas para que suelten el agua. Cortar y rehogar en mantequilla con un diente de ajo laminado. Formar una tortilla redonda con dos huevos y las espinacas, de igual tamaño que la de patata, y depositar en la fuente sobre la anterior.
  - **De espárragos y guisantes.** Escurrir bien las puntas de los espárragos y los guisantes (en lugar de incluir espárragos, se puede hacer de atún) y, con otros dos huevos, hacer una tortilla que pondremos sobre las otras dos.
  - **De jamón y cebolla.** Dorar la cebolla cortada fina y, cuando adquiera color, agregarle el jamón picado. Elaborar de nuevo otra tortilla con dos huevos y acomodar sobre las demás. Cubrir con la salsa de tomate y degustar en caliente.

Tortilla
sorpresa

Huevos
Salsa de tomate
Salsa besamel
Queso rallado

- Preparar unas tortillas francesas y depositarlas sobre el fondo de una fuente cubierto de salsa de tomate. Hacer una besamel y rociar con ellas las tortillas por encima, espolvorear con queso rallado y gratinar.

Pescados
y mariscos

Almejas
a la marinera

1 kg (2,2 lb) de almejas
1 cebolla
1 o 2 dientes de ajo
½ cs de pan rallado
½ vaso de vino blanco
Perejil picado
Un trocito de laurel
Un poco de zumo de limón
½ cucharón de aceite
Pimienta negra en polvo

- Lavar a fondo las almejas y ponerlas a hervir a fuego vivo en una sartén con ½ vaso de agua. Retirarlas a medida que se van abriendo y echarlas en una cazuela. Colar el agua y reservar.

- Picar la cebolla y el ajo muy finamente. Freír la cebolla y el ajo en el aceite y agregar el pan rallado nada más que comiencen a tomar color. Rehogar un poco e incorporar el agua reservada, el vino, el laurel, el zumo de limón y la pimienta. Dar un hervor.

- Volcar esta salsa sobre las almejas y cocer despacio durante 15 min. Desechar las almejas cerradas y espolvorear con perejil picado.

Atún
encebollado

1 kg (2,2 lb) de atún
de la parte central
½ kg (17 oz) de tomates
2 dientes de ajo
50 g (1,8 oz) de nueces peladas
Sal
Pimienta
300 g (10,6 oz) de cebolla
1 dl (3,4 fl oz) de aceite
1 ramita de perejil
2 pimientos (verdes o rojos)

- Escaldar los tomates, pelarlos, despepitarlos y cortarlos en cuadraditos.

- Picar la cebolla muy fino y mezclar con el ajo y el perejil, también picados, y las nueces peladas y troceadas. Mezclar con los tomates, revolver bien y reservar.

- Cortar los pimientos en tiras.

- Limpiar a fondo el atún de piel y espinas, y filetearlo.

- Verter 1 cs de aceite frito en una cazuela de barro, disponer una capa de picadillo encima; colocar después otra capa de filetes de atún y salpimentar. Repetir y poner otra capa de picadillo, una más de filetes de atún y terminar cubriendo el conjunto con los pimientos. Rociar con el aceite y tapar la cazuela

- Mantener la cocción a fuego lento, hasta que el conjunto se haga en el jugo que sueltan los ingredientes. Ya en su punto, destapar la cazuela y llevar la preparación al horno un rato para que se consuma el exceso de agua y quede tan solo su propia salsa.

Bacalao
a la vizcaína

¾ kg (26,5 oz) de bacalao

Aceite

7 pimientos choriceros un poco secos

Para la salsa:

1 kg (2,2 lb) de tomates

400 g (14 oz) de cebollas

2 ramitas de perejil

2 o 3 dientes de ajo

2 yemas de huevo duro

Un poco de azúcar

- Escurrir los trozos de bacalao una vez desalados y escamar, teniendo cuidado de no estropear la piel, y echar en agua fría. Retirarlos antes de que comience a hervir el agua. Dejar que escurran y eliminar las espinas. Rebozar en harina y freír en abundante aceite hasta que se vean doraditos.

- **Para la salsa:** picar la cebolla y pelar y cortar en trozos los tomates disponer al fuego una cazuela con aceite y echar en ella la cebolla, los ajos enteros, los tomates y el perejil. Mantener a fuego lento. Terminada la cocción, agregar el azúcar y las yemas de huevo desleídas en agua y dejar un rato más.

- Cortar los pimientos en tiras. Finalmente, verter un poco de salsa en una cazuela de barro y distribuir los trozos de bacalao con la piel hacia arriba por encima, regarlos con el resto de la salsa y poner los pimientos sobre ellos. Llevar la cazuela al fuego y dejar que cueza, procurando moverla con frecuencia para que no se agarre.

Bacalao
al ajoarriero

½ kg (17 oz) de bacalao
¼ l (9 fl oz) de aceite
3 o 4 dientes de ajo
60 g (2,1 oz) de harina
1 cs de pimentón dulce
6 cs de agua
Perejil

- Escurrir el bacalao una vez desalado y escamar. Calentar el aceite y, cuando comience a humear, pasar los trozos de bacalao por harina y freír hasta dorarlos. Llevar luego a una cazuela de barro.

- Majar los ajos y el perejil en el mortero, poner en el aceite donde se doró el bacalao y acompañar con el pimentón y agua. Filtrar esta salsa por un colador, repartir sobre el bacalao y cocer a fuego lento durante 20 min.

Poner a desalar el bacalao 2 días antes de su preparación, cambiándole el agua varias veces Para ello debe retirarse del recipiente donde está, tirar el agua, enjuagarlo y volver a colocar el bacalao, añadiéndole abundante agua.

Bacalao
al pilpil

- Ya desalado, acondicionarlo en una cazuela de barro con unas gotas de aceite, la cebolla y los ajos picados.

- Poner a fuego lento e ir añadiéndole una pizca de aceite y algo de agua, removiendo constantemente la cazuela para que espese la salsa.

- Dejar cocer unos 20 min, sin parar de mover la cazuela, y servir.

½ kg (17 oz) de bacalao salado
½ cebolla grande o 1 mediana
Aceite
Ajos

Bacalao
con garbanzos

¼ kg (9 oz) de garbanzos
200 g (7 oz) de bacalao desalado
5 cs de aceite de oliva
2 cebollas medianas
1 pimiento verde troceado
1 diente de ajo
1 hoja de laurel
1 cs de pimentón dulce

- Dejar los garbanzos y el bacalao en remojo en un recipiente con agua durante 8 h aproximadamente. Transcurrido este tiempo, escurrir y reservar.

- Picar una cebolla. Colocar al fuego una olla con agua, la hoja de laurel, la cebolla y los garbanzos. Tapar la olla y dejar cocer a fuego muy lento.

- A continuación, echar el aceite, la cebolla restante, el ajo, el pimiento y el pimentón dulce en una sartén. Rehogar todo durante 3 min. Remover bien y lo verter sobre la olla de garbanzos.

- Finalmente, añadir también el bacalao a la olla y dejarlo cocer hasta que esté en su punto.

Besugo
a la espalda

1 besugo de ¾ kg (26,5 oz)
4 dientes de ajo
1 guindilla
½ limón
½ vasito de vino
2 cs de vinagre de sidra
Sal
Aceite de oliva

- Abrir el lomo, sin llegar al final, con un cuchillo bien afilado; por la parte que ya está limpia, abrir más. Lavarlo bien y secarlo. Salar por dentro y por fuera. Reservar.

- Precalentar el horno a 190 °C (375 °F). Poner una bandeja de horno con la rejilla encima. Colocar el pescado sobre la rejilla, rociarlo con aceite y meterlo al horno unos 20 min. Aproximadamente 10 min antes de que termine de hacerse, echar el vino por encima y dejarlo que termine. Una vez lo tengamos, sacarlo del horno, dejarlo enfriar un poco y, con mucho cuidado, abrirlo por la mitad, quitándole la espina central.

- En una sartén pequeña, poner 3 cs de aceite. Filetear los ajos y trocear la guindilla. Freírlos con el fuego bajo; cuando estén doraditos, quitar la sartén del fuego, poner un poquito de pimienta verde, el zumo de ½ limón y el vinagre. Moverlo bien hasta que se mezcle todo. Agregar el jugo que haya soltado el pescado y poner de nuevo la sartén en el fuego unos minutos.

- Colocar el pescado en una fuente. Regarlo con el zumo que hemos preparado. Servir muy caliente.

Besugo
al horno

- Limpiar bien el besugo, vaciándolo por dentro y rallando las escamas. Lavar el besugo y hacer diversos cortes en su lomo.

- Engrasar una fuente de horno con aceite y colocar el besugo sobre ella, sazonado con sal y pimienta.

- Exprimir el zumo de uno de los limones. Cortar los otros dos en rodajas.

- Pelar el ajo y machacar en el mortero. Poner aceite a calentar en una sartén y sofreír con una guindilla.

- Introducir las rodajas de limón en los cortes del lomo del pescado y alrededor del mismo; bañar también con el sofrito de ajo y guindilla y con el zumo de limón.

- Calentar el horno y colocar la bandeja del besugo en su interior, dejando que se haga 1 h a temperatura media.

- Presentar en la misma fuente de horno con ramitas de perejil por encima.

1 besugo de 1½ kg (3,3 lb)
Aceite de oliva
1 diente de ajo
3 limones
Guindilla
Perejil
Pimienta
Sal

Bonito

Bonito cortado en rodajas como
de 1,5 cm (0,6 pulgadas)
Tomates pequeños
Ajo
Perejil
1 vasito de vino blanco
2 cs de vinagre
Aceite
Harina
Sal
Cebollitas pequeñas
Patatas

- Disponer los tomates pequeñitos, 3 dientes de ajo enteros, perejil, 4 o 5 cebollitas también enteras, el vasito de vino blanco y el vinagre en una cazuela.

- Rebozar las rodajas de bonito previamente en harina y dorarlas en una sartén con el aceite. Pasar el pescado a una cazuela junto con los demás ingredientes y regar con el aceite donde se doró. Dejar cocer a fuego lento.

- Servir acompañado de unas patatas cocidas o al vapor y con la salsa por encima.

Calamares
a la romana

½ kg (17 oz) de calamares
Pan rallado
Harina
Limón
Ajo
Aceite
Sal

Disfrútalos en un sencillo bocadillo. Es un sabor que nunca se olvida.

- Limpiar, lavar y secar con un trapo los calamares. Cortar formando tiras y anillas de 1 cm (0,4 pulgadas) de ancho.

- Pelar y picar los dientes de ajo y machacar en un mortero. Sazonar con ellos los calamares mientras se revuelven.

- En un plato, mezclar pan rallado y harina (que supere un poco en cantidad al pan rallado), y pasar por ellos los calamares.

- Envolver bien los calamares en la mezcla anterior, sacudir y echar sal.

- Freír los calamares en una sartén con aceite caliente, intentando que queden bien hechos por dentro y de color dorado por fuera.

- Escurrir utilizando un colador y servir acompañados de unos gajos de limón.

Calamares
en su tinta

1 kg (2,2 lb) de calamares
1 cebolla
Perejil
Aceite
Miga de pan
1 vasito de vino blanco
Arroz blanco

- Limpiar y lavar bien los calamares y, seguidamente, trocearlos.
- Picar la cebolla y el perejil y dorarlos en una cazuela con unas gotas de aceite. Sumarle los calamares cuando la cebolla comience a tomar color y regar con el vino blanco. Dejar que cueza lentamente.
- Majar un poco de la salsa de cocción y la miga del pan en un mortero. Añadir la tinta cuando esté todo bien deshecho y volcarla sobre los calamares para incorporarla a la salsa.
- Acompañar con arroz blanco.

Calamares
rellenos

1 kg (2,2 lb) de calamares
2 huevos
Cebolla
Perejil
100 g (3,5 oz) de jamón
2 hojitas de laurel

- Limpiar y lavar los calamares. Cocer los huevos aparte.
- Picar la cebolla y el perejil y dorarlos en un poco de aceite. Una vez adquieran color, añadirles las cabezas de los calamares cortadas en trocitos. Y antes de freírlos del todo, agregar el jamón picado.
- Apartar este rehogado del fuego e incorporar los dos huevos previamente cocidos y picados. Rellenar con esta mezcla los calamares y cerrar con un palillo para evitar que se les caiga el relleno. Rebozar en harina y freír, colocándolos luego en una cazuela.
- Freír cebolla picada y perejil en el aceite donde se doraron los calamares y, recién dorada, verter sobre los calamares con dos hojitas de laurel y el relleno que haya sobrado. Agregar un chorrito de agua y cocer un rato, dándole un ligero vaivén a la cazuela para que no se pegue la salsa.
- Servir acompañados de pan frito.

Caldereta
de pescado

2 kg (4,4 lb) de pescado variado
(rape, salmonetes
pulpo, calamares, jibias,
mejillones, etc.)
1 cebolla
2 zanahorias
1 manojito de perejil
1 diente de ajo
1 pimiento rojo
6 tomates maduros o de lata
1 vaso de vino blanco seco
Aceite
Pimienta
Sal

- Limpiar a fondo todos los pescados, despojando de su cáscara a los que la tienen, lavar y escurrir.

- Picar las zanahorias, la cebolla y el apio. Cortar el pimiento a la mitad. Poner aceite en una cazuela grande junto con el diente de ajo entero, las zanahorias, la cebolla, el apio y el pimiento. Cortar en trozos las jibias y el pulpo. Cocer hasta dorar y añadir luego las jibias y el pulpo. Proseguir la cocción con el recipiente tapado.

- Pelar, despepitar y partir en trozos el tomate. Picar el perejil. Ya cocidos las jibias y el pulpo, regar con el vino blanco y mantener la cocción hasta la evaporación. Agregar a continuación los trozos de tomate; salpimentar y cocer alrededor de 10 min más. Acompañar en último lugar los demás pescados y el perejil. Rectificar de sal y cocer otros 15 min. Si es necesario, desleír la salsa con un poco de agua caliente.

- Presentar en cazuelitas de barro.

Cóctel
de marisco

1 kg (2,2 lb) de gambas
1 kg (2,2 lb) de cigalas (si se
pone centolla mejor, pero más
económico salen unas gambas)
Lechuga
Mahonesa
Alcaparras
Kétchup

- Cocer las gambas y las cigalas y pelarlas bien.

- Disponer un poco de lechuga finamente picada en una copa alta o en un bol y acomodar encima el marisco.

- Preparar una mahonesa espesa y añadirle 2 o 3 ct de alcaparras y un buen chorro de kétchup, hasta que quede ligeramente sonrosada. Distribuir sobre el marisco; acompañar con una rodaja de huevo duro y adornar el borde de la copa con una gamba o cigala reservada entera con su cáscara.

Congrio
con guisantes

1 kg (2,2 lb) de congrio
½ kg (17 oz) de guisantes
2 dientes de ajo
Aceite
Perejil
Sal
½ vasito de vino blanco seco
Cebolla
Harina

- Cortar el congrio en rodajas y sazonarlo con sal.

- Poner la cazuela de barro con agua al fuego y dejar que hierva para quitarle el sabor del barro.

- Calentar una pizca de aceite en una sartén y dorar la cebolla y el ajo picados. Nada más comience a dorarse, trasladar la mitad a una cazuela y echar los guisantes, rehogándolos 2 min. Cubrir con agua hirviendo y proseguir la cocción hasta que estén tiernos (si hiciera falta, aportar más agua caliente).

- Tirar el agua de la cazuela de barro, acercarla al fuego y verter un poco de aceite. Echar la otra mitad de cebolla dorada y, una vez caliente, acompañar las rodajas de congrio pasadas antes por harina. Imprimir un ligero movimiento de vaivén a la cazuela durante unos minutos, darle la vuelta a las rodajas de congrio con un tenedor y una cuchara de madera, y hacer unos 3 o 4 min por el otro lado sin parar de agitarla.

- Incorporar los guisantes ya cocidos con la salsa que tengan, salpicar con ½ vasito de vino blanco seco, tapar la cazuela y cocer muy despacio 10 min más.

- Espolvorear con perejil picado y servir en la misma cazuela.

Dorada
asada al horno

1 dorada de más de 1 kg (2,2 lb)
½ pimiento grande
1 tomate
3 dientes de ajo
1 cebolla grande
Aceite
1 vasito de vino blanco
Sal
2 hojas de laurel
Pan rallado
Limón
1 ramita de perejil
Patatas

- Cortar la cebolla en aros o medios aros. Hacer tiras el pimiento. Pelar el tomate y hacerlo en dados pequeños. Cortar los dientes de ajo a la mitad o laminarlos. Trocear el laurel. Recubrir el fondo de una fuente de horno con la cebolla, el pimiento, el tomate, los dientes de ajo, el laurel troceado y el perejil.

- Sobre esta cama, depositar la dorada una vez limpia y hacerle tres cortes, sin romper la espina. Colocar en cada corte media rodaja de limón y, dentro de la cabeza, el casquete del limón. Salpicar con un chorro de aceite y espolvorear por encima pan rallado.

- Regar con 1 vasito de vino blanco, salar según convenga y llevar al horno precalentado a temperatura media. Distribuir en torno de la dorada unas rodajas de patatas cocidas, para que se impregnen de la salsa.

Filetes
de merluza al horno

1 kg (2,2 lb) de filetes de merluza
2 cebollas grandes
2 dientes de ajo
1 ramita de perejil
200 g (7 oz) de zanahoria
1 pimientos verde
1 vaso de vino blanco
Aceite
Sal
Pimienta
Harina
Huevo
Arroz
Patatas

- Secar los filetes de merluza recién lavados, pasarlos por harina y huevo batido y freír hasta dejarlos de un tono dorado claro. Pasarlos a una fuente de horno.

- Trocear las cebollas, las zanahorias y el pimiento verde. Dorarlos en el aceite de freír la merluza, añadiéndoles dos 2 dientes de ajo.

- Añadirles 1 vaso de vino blanco una vez dorados, la misma cantidad de agua, el perejil picado, sal y pimienta. Cocer despacio y destapado durante 15 min.

- Aproximadamente 20 min antes de servir el plato, pasar los ingredientes por el pasapurés o batidora. Distribuir la mezcla sobre los filetes de merluza y hornear alrededor de 10 o 15 min.

- Se puede acompañar de patatas fritas cortadas a cuadrados menudos o arroz blanco.

Gambas
al ajillo

½ kg (17 oz) de gambas
4 ajos
Aceite
Sal
Perejil picado

- Pelar las gambas, dejando exclusivamente la cola.
- Poner una cazuela de barro con aceite sobre el fuego y dorar unos ajos picados. Echar las colas de gambas y dejar hacer brevemente.
- Dar un toque de sal y perejil picado y servir inmediatamente.

Gambas
a la gabardina

1 kg (2,2 lb) de gambas grandes
2 cs de harina
1 vaso del agua de cocer las gambas
1 clara a punto de nieve
Sal
Laurel

- Dar un hervor a las gambas en agua con sal y laurel. Colar el caldo y reservarlo. Pelar las gambas, dejándoles tan solo la parte final de la cola.
- Echar la harina en un bol y añadirle el agua reservada y la clara a punto de nieve, de forma que quede una pasta algo espesa.
- Rebozar las gambas en el preparado y, agarrándolas por la cola, freír en aceite muy caliente. En caso de que se doren demasiado, bajar el fuego.

Lenguado
meunière

Lenguado
Harina
Limón
Mantequilla
Perejil
Sal

- Quitar la piel al lenguado (normalmente ya se la retiran al venderlo) y hacer cuatro filetes. Salarlos. Retirar y reservar la espina.
- Rebozar los filetes en harina y dorarlos en una sartén con mantequilla. Rebozar asimismo la espina y freírla también. Colocar los filetes sobre ella, intentando reconstruir su forma original.
- Rociar un chorro de limón y una pizca de agua en la mantequilla de freír los filetes y volcarla sobre el lenguado. Espolvorear luego con perejil picado.

Armoniza muy bien con patatas hervidas o al vapor, rehogadas en mantequilla y con perejil picado fino repartido por encima. Darle un toque distintivo con unos espárragos.

Medallones
de rape

½ kg (17 oz) de medallones de rape
Jamón de York
Huevos
Harina
Limón
Lechuga

- Lavar los medallones y ponerles una pizca de sal o ninguna, según gustos, pues el jamón ya aporta sal. Rociar después con unas gotas de limón. Abrir los medallones y ponerles dentro una lonchita de jamón. Cerrar, rebozar en harina y huevo, y freír en aceite no muy caliente.
- Degustar acompañados de una ensalada de lechuga.

Mejillones
en cazuelita

½ kg (17 oz) de mejillones sin
concha, ya cocidos
Cebolla
Perejil
2 hojas de laurel
2 o 3 cs de salsa de tomate
Un trocito de guindilla
Pan rallado
Aceite
Sal

• Picar el perejil y la cebolla; cortar las hojas de laurel en trocitos. Calentar un chorro de aceite y dorar la cebolla, el perejil y las hojas de laurel. Dejar la cebolla muy poco, solo hasta que empiece a tomar color. Incorporar la salsa de tomate, la guindilla y los mejillones; salarlos, darle un hervor a todo junto y pasarlo a unas cazuelitas o conchas de vieira. Poner pan rallado por encima y gratinar los mejillones, manteniéndolos en el horno hasta que estén dorados.

Merluza
a la cazuela

½ cebolla picada
1 diente de ajo pequeño
1 ramita de perejil
1 trocito de hoja de laurel
1 cs de puré de tomate
2 o 3 rodajas, según tamaño,
de patata
2 o 3 cs de guisantes
1 rodaja de merluza
Pimiento morrón
3 cs de aceite
½ vasito de agua
Sal

- Calentar el aceite en una cazuela y freír la cebolla, el ajo y el perejil, todo ello bien picado, junto al laurel.
- Cuando la cebolla empiece a adquirir color, incorporar el puré de tomate y, después, remojar con el agua. Añadir seguidamente las rodajas de patata, los guisantes y la merluza y, sobre ella, colocar el pimiento cortado en tiras. Poner la sal y dejar que cueza todo a fuego lento.

Merluza
a la romana

Rodajas de merluza
Huevo
Harina
Aceite
Sal

- Rebozar las rodajas de merluza, primero en harina, después en huevo. Dejar el aceite calentar en una sartén y, cuando despida humo, ir echando las rodajas de merluza.
- Con el aceite caliente, pero sin quemar, dorarlas por un lado y, luego, darles la vuelta y hacer igual por el otro.
- Acomodarlas en una fuente con unos limones cortados.

Merluza
al horno con patatas

Patatas
2 pimientos verdes
¼ kg (9 oz) de tomates
Sal
Aceite
Filetes de merluza
Pimienta
Zumo de limón
Pan rallado
1 dl (3,4 fl oz) de vino blanco
1 cebolla
Ajo picado menudo
Perejil

- Hacer las patatas rodajas; los pimientos, tiras; cortar los tomates en trozos.

- Acomodar una cama de rodajas de patata, los pimientos, los tomates, un chorretón de aceite crudo y sal en una fuente de horno. Mantener así a horno fuerte, hasta que las patatas estén medio hechas.

- Retirar del horno e incorporar los filetes de merluza previamente sazonados con sal, pimienta y zumo de limón sobre las patatas. Aderezar por encima con ajo picado menudo, perejil, pan rallado y vino blanco.

- Distribuir alrededor unas cebollitas pequeñas o una grande cortada en rodajas y volver a llevar de nuevo al horno 20 min aproximadamente, cuidando de rociar la merluza de vez en cuando con su propio jugo.

- Servir en la misma fuente.

Merluza
en salsa de almendras

¾ kg (26,5 oz) de merluza
Tomate frito
50 g (1,8 oz) de almendras crudas
1 ramita de perejil
1 rebanada de pan
Sal
Aceite

- Limpiar la merluza y cortarla en rodajas. Colocarlas después en una fuente refractaria, ponerles sal y dejar reposar.

- Calentar aceite en una sartén y freír la rebanada de pan, la ramita de perejil y las almendras en ella. Una vez frito todo, majar en un mortero. Aportar un poco de agua al majado, mezclar con 1 cs de tomate frito y derramar sobre la merluza.

- Dejarla lista tras 15 o 20 min de horneado.

Merluza
en salsa verde

6 rodajas de merluza
150 g (5 oz) de guisantes
2 cs colmadas de perejil picado
Aceite
3 dientes de ajo
Sal
1 cs de harina

- Cubrir el fondo de una cazuela con aceite. Dorar los dientes de ajo enteros. Una vez dorados, machacar en el mortero y agregar un poco de agua y la harina.

- Bien unido todo, echar en el aceite de nuevo, poner al fuego y cocer un momentito, dándole un ligero vaivén a la cazuela para que ligue la salsa. Incorporar los guisantes y el perejil y acompañar las rodajas de merluza. Sazonar con la sal y cocer sin parar de mover la cazuela.

- A la hora de consumir, la merluza se puede degustar sola o en compañía de unas patatas cocidas.

Merluza
rellena de marisco

1 cola de merluza
¼ kg (9 oz) de cigalas
¼ kg (9 oz) de gambas
¼ kg (9 oz) de almejas
¼ kg (9 oz) de mejillones
Aceitunas
1 cebolla
Pimienta blanca
1 tomate
½ limón
1 copita de jerez
Pan rallado
Aceite
Harina

- Limpiar la merluza y abrir de un corte por la parte de la barriga. Eliminar la espina, salar y acondicionarla con un poco de pimienta blanca.

- Pelar las gambas y cigalas, dejándolas libres de cáscara, y reservar. Abrir luego al vapor las almejas y los mejillones, y retirarles la cáscara.

- Freír en una sartén la cebolla y el tomate con unas gotas de aceite y mezclar en ella los mariscos (crudos) y las aceitunas picadas.

- Rellenar y cerrar la merluza, cosiéndola con aguja e hilo. Untar después la costura con harina, para que no se salga el relleno, y colocar el pescado en una fuente de horno sobre unas rodajas de cebolla. Rociar con aceite, espolvorear con pan rallado y hornear a intensidad moderada durante 30 min, aproximadamente.

- Cuando está en su punto, retirar del horno y regar con la copita de jerez y el zumo de limón.

Pastel
de arroz y pescado

Arroz
Pescado
Tomate
Cebolla
Dientes de ajo
Aceite
Mahonesa
Gambas
Pan rallado

- Freír los dientes de ajo en un poquito de aceite y, cuando se doren, echar el arroz, dejándolo freír hasta que haga ruido como de arenas. Retirar los ajos y reservar el arroz.

- Cocer, desmenuzar y reservar el pescado. Cocer las gambas para el adorno.

- Dorar cebolla picada menuda en una sartén, acompañar con los tomates cuando la cebolla empiece a tomar color y dejar que se frían bien. Una vez frito, añadir el pescado y dejar que hierva todo lentamente un rato.

- Untar un molde con aceite, darle un espolvoreo con pan rallado e ir formando capas de arroz alternándolas con otras de pescado, o bien mezclar con el arroz todo junto.

- Desmoldar para su presentación y napar con mahonesa.

Este plato va muy bien para aprovechar las sobras de pescado, y se puede hacer también solo con gambas.

Pescado
a la sal

1 besugo,
1 lubina
o 1 dorada,
de 1 ½ kg (3,3 lb)
Aprox. 2 kg (4,4 lb) de sal gorda

- Formar sobre una cazuela o fuente de horno honda una capa de 2 cm (0,78 pulgadas) de sal gorda, previamente humedecida. Colocar sobre ella el pescado entero sin abrir, pues de lo contrario absorbería mucha sal. Tapar por completo con otra capa de sal, también humedecida, y llevar al horno calculando 25 min por cada kilo de pescado.

- Retirar del calor pasado este tiempo, romper la coraza que forma la sal y acondicionar en una fuente de horno.

- Se puede degustar acompañado de una salsa tártara, vinagreta o cualquier otra salsa para pescados.

Este plato admite tomarse solo
o acompañado de mahonesa o
una salsa para pescados, con una
guarnición de patatas cocidas
cortadas en rodajas finas.

Pescado
cocido al vapor

Lenguado, rodaballo, mero,
lubina, merluza, etc.
Mantequilla
Cebolla
Zumo de limón
Perejil
Gambas (opcional)
Guisantes (opcional)

Para el caldo corto de vino:
Caldo de pescado
1 chorro de jerez seco

- Limpiar el pescado y acondicionarlo en una fuente refractaria un poco honda. Untar la fuente con mantequilla, cubrir el fondo con rodajas finas de cebolla y colocar el pescado. Rociar con zumo de limón, espolvorear con perejil picado y reservar.

- **Para el caldo corto de vino:** hacerlo en una cazuela donde quepa bien la fuente en la que tenemos el pescado. Disponer un plato bocabajo en el centro, que sea un poco alto. Cocer el caldo con un chorro de jerez seco y, una vez hecho, depositar sobre el plato la fuente del pescado de forma que no toque el agua. Tapar y dejar cocer (la fuente ha de quedar holgada dentro de la cazuela, a fin de que el vapor pueda circular por los lados).

- Opcionalmente, el pescado se puede intercalar con unas gambas y unos guisantes, según el gusto personal.

Pulpo
a feira

1 pulpo
1 hoja de laurel
Sal gorda
1 cebolla
Aceite de oliva
Pimentón picante
Patatas

- Si el pulpo es fresco, mazarlo bien antes de cocerlo; si es congelado, no hace falta. El fresco también se puede congelar 5 días antes, aproximadamente, y así no es preciso mazarlo.

- Colocar el pulpo, la cebolla y la hoja de laurel en la olla de presión y cocer 20 min. Dejar que se enfríe en el agua.

- Cocer en olla corriente, en la que incluiremos unas patatas peladas y cortadas en trozos. Poner agua a hervir y, cuando salte a borbotones, sujetar el pulpo por la cabeza y «asustarlo» sumergiéndolo en el agua tres veces. Dejar que cueza, cuidando de que se mantenga el hervor. Se sabe cuándo está listo si, al pincharlo con una aguja de hacer punto, se nota que está blando. Para enfriar, poner un bol bocabajo y dejar el pulpo sobre él.

- Para el momento de comer, cortar con tijeras y acondicionar en platos de madera con un riego de aceite de oliva, el espolvoreo de pimentón picante y una brizna de sal gorda.

Rape
alangostado

2 kg (4,4 lb) de rape, aprox.
Pimentón dulce
1 puerro
1 o 2 granos de pimienta
1 cebolla
Laurel
Perejil
1 vasito de vino blanco
Sal
Marisco (mejillones, gambas, cigalas, etc.)

- Enrollar el rape y atarlo con un cordón. Marcar ya los redondeles por donde se van a cortar luego las conchas de la langosta.

- Untarlo con pimentón y cocerlo junto el puerro, la cebolla, el laurel, el vino, mejillones, gambas, cigalas, etc., para que le den sabor a marisco, y sal en cantidad superior a la que se usa corrientemente. Cocer 10 min justos, pues en caso contrario se deshace.

- Dejar enfriar. Trocear justo antes de servir.

Rape
en cazuela

1 cola de rape
Patatas
Aceite
Cebolla
1 diente de ajo
1 pimiento morrón
Guisantes
½ cs de pimentón dulce
Sal

- Poner una cazuela de barro con agua al fuego hasta hacerla hervir. Picar la cebolla y el ajo. Mientras tanto, calentar una pizca de aceite en una sartén y dorar la cebolla y el ajo en ella.

- Al hervir el agua, tirarla, para evitar con ello que la comida se impregne del sabor a barro de la cazuela. Incorporar entones el sofrito y colocar de nuevo la cazuela al fuego.

- Disponer una capa de patatas cortadas en rodajas y, sobre ellas, colocar el pescado. Rellenar los huecos con los guisantes y finalizar repartiendo unas tiras de pimiento morrón por encima.

- Mezclar en una taza aceite de oliva y ½ cs de pimentón dulce. Batir con un tenedor y agregar agua. Seguir batiendo y volcar esta salsa sobre el pescado.

- Comprobar si tiene suficiente salsa, pues las cazuelas de barro consumen mucho líquido, y cocer despacio hasta que las patatas estén cocidas.

Rodaballo
al horno

Rodaballo cortado en rodajas
Mantequilla
1 vasito de zumo de limón
Perejil
Sal

- Bien limpio y lavado el rodaballo (puede ser congelado, en cuyo caso se dejará descongelar antes de lavarlo), colocar las rodajas en una fuente de horno untada con mantequilla.

- Repartir unos trocitos de mantequilla por encima de cada rodaja. Rociar con el zumo de limón, espolvorear con el perejil picado y salar. Hornear en el horno precalentado a temperatura media, hasta que el pescado esté hecho (aprox. 30 min).

Marida muy bien con patatas nuevas cocidas y espolvoreadas con perejil. También combina con verduras cocidas y rehogadas en mantequilla.

Salmón
al horno

Rodajas de salmón
Tomates
Cebollitas pequeñas
½ limón
Perejil
Mantequilla
Aceite de oliva
1 hoja de laurel
Vino blanco seco
Sal
Patatas

- Disponer unas rodajas de tomate en una fuente de horno y disponer encima las rodajas de salmón; añadir unas cebollitas enteras en los huecos, unas ramitas de perejil, ½ limón cortado en rodajas finas (o su zumo) y la hoja de laurel hecha trozos.

- Sobre el salmón, repartir unos montoncitos de mantequilla, regar con un chorro de aceite de oliva, otro de vino blanco, salar y llevar al horno.

- Acompañar con unas patatas hervidas y regar con la salsa pasada previamente por el colador chino.

Sardinas
a la marinera

1 ½ kg (3,3 lb) de sardinas
1 ½ kg (3,3 lb) de tomates
½ kg (17 oz) de pimientos
¼ kg (9 oz) de cebollas
5 cs de aceite
1 diente de ajo
Perejil
Sal
Pimienta

- Limpiar y desespinar las sardinas, abriéndolas en forma de abanico.
- Picar los pimientos en trozos menudos, y pelar y despepitar las cebollas y los tomates. Mezclar todo.
- Derramar en un fuente refractaria o cazuela de barro la mitad del aceite y poner una porción del picado. Colocar las sardinas sobre el picado, luego otra capa del mismo y otra de sardinas, y así, hasta terminar. Rociar con el resto del aceite, salpimentar y hornear a intensidad moderada. Servir las sardinas recién preparadas.

Sardinas
abiertas

Sardinas
Huevos
Pan rallado
Aceite
Harina
Sal

- Descabezar las sardinas. Retirar las tripas y espinas y lavar las sardinas abiertas, con suavidad, bajo un chorro generoso de agua fría. Poner a escurrir.
- Rebozar las sardinas en harina, huevo y pan rallado y, luego, freírlas en una sartén con el aceite caliente. Depositarlas sobre una fuente. Servir con una ensalada de lechuga y tomate.

Truchas
a la montañesa

Truchas
Cebolla
Pimienta
Laurel
Harina
Vino blanco
Aceite

- Limpiar las truchas y sazonar con sal 2 o 3 h antes de condimentarlas.
- Disponer las truchas en una cazuela —mejor de barro— y, rociadas con el vasito de vino blanco y un pocillo de agua, cocer junto con unos trozos de cebolla, un poco de pimienta y una hoja de laurel. Una vez hechas, dejar que enfríen y colar la salsa de la cocción.
- Dorar una cucharada de harina en un poco de aceite y, a continuación, añadir la salsa colada y hervir 2 o 3 min.
- Regar las truchas con esta salsa.

Truchas
con tocino

Tocino
Truchas
Sal

- Extender unas lonchas delgadas de tocino sobre una fuente de horno, ordenar sobre ellas unas truchas limpias y salar. Cubrir luego con otra capa de lonchas de tocino finas y hornear dejando que el tocino se consuma casi por completo.

Truchas
guisadas

Truchas
1 cebolla
1 o 2 dientes de ajo
Agua o vino blanco
Perejil
Sal
Harina
Laurel
Pimentón dulce

- Picar los ajos y la cebolla y dorarlos en una cazuela.
- Cuando empiecen a tomar color, añadir 1 cs de harina y mezclar con el agua o el vino blanco (medidos por un vaso de los de vino), perejil picado, una hoja de laurel y 1 ct de pimentón.
- Volcar todo en la cazuela del sofrito, depositar encima las truchas y salar. Dejar cocer lentamente.

Truchas
rellenas de jamón

Truchas
Jamón en lonchas
Pan rallado
Nata líquida
Zumo de limón
Sal

- Limpiar las truchas de tripas y agallas, así como de las espinas que sobresalen a los lados. Colocarles una loncha de jamón o jamón picado en el vientre y freírlas de inmediato.

- Disponer las truchas en una fuente de horno y rociarlas con abundante zumo de limón y la sal necesaria. Hornear y, ya casi hechas, distribuir por encima la nata líquida y espolvorear con pan rallado. Llevar de nuevo al horno y dejar hasta que estén doraditas.

Ventresca
de bonito

½ kg (1, 1 lb) de ventresca
de bonito o atún
2 tomates
½ pimiento verde
½ cebolla
1 hoja de laurel
Aceite
Sal
Una pizca de comino
1 dientes de ajo
1/2 vaso de vino blanco

- Freír con aceite a fuego suave la cebolla y el ajo finamente picados. Incorporar el pimiento verde, también troceado, y después de 3 min, los tomates pelados y sin semillas.
- Añadir el vaso de vino blanco y sazonar con sal y la pizca de comino; dejar cocer a fuego lento 15 min.
- Trocear la ventresca en pedazos iguales, y dorar ligeramente en una sartén con algo de aceite.
- Una vez transcurrido este tiempo, incorporar al sofrito, y dejar cocer durante 2 min.

Vieiras

Vieiras
Cebolla
Perejil
Pan rallado
Aceite
Laurel
Sal

- Limpiar y lavar las vieiras (se hace mejor si se separan de la concha). Rehogar abundante cebolla muy picada, perejil y laurel cortado en trocitos luego en una sartén. Cuando la cebolla haya ablandado, añadir las vieiras y mantener la cocción un momento.
- Con una cuchara, llenarlas conchas con cada vieira y el sofrito que admita, espolvorear con pan rallado y gratinar.

Volovanes
rellenos de gambas

1 caja de volovanes congelados
1 bandeja de champiñones naturales
200 g (7 oz) de gambas con piel
1 cs de harina
1 cs de mantequilla
1 huevo
¼ l (9 fl oz) de agua
1 cs de vino blanco seco o jerez
Sal
Pimienta negra recién molida

- Preparar los volovanes según las instrucciones del envase y pintarlos con huevo batido.

- Pelar las gambas y cocer las cáscaras en ¼ l (9 fl oz) de agua con un poco de sal y una hoja de laurel. Colar el agua por una servilleta y reservar.

- Derretir la mantequilla en una sartén, echar los champiñones laminados y cocer hasta que se consuma el agua que sueltan. Añadir la harina y verter el agua reservada. Dejar cocer 4 min aproximadamente, sin parar de remover, e incorporar las gambas y el vino. Cocer un ratito más hasta que las gambas estén hechas y rellenar los volovanes. El relleno ha de estar espesito.

- A la hora de la presentación, colocar champiñones enteros rehogados en mantequilla entre los volovanes. Pueden ser en conserva o frescos.

- Si fueran frescos, dejarlos cocer a fuego suave en un poco de mantequilla.

También podemos comprar la pasta de hojaldre laminada, dejar que descongele un poco, lo suficiente para cortar los volovanes, y hacerlos con un vaso grande y otro más pequeño. Cortar con el grande el disco, poner el pequeño en el centro y cargar sin llegar hasta abajo. Pintar con huevo y llevar al horno. Una vez dorados, retirar la parte del centro y proceder a rellenarlos.

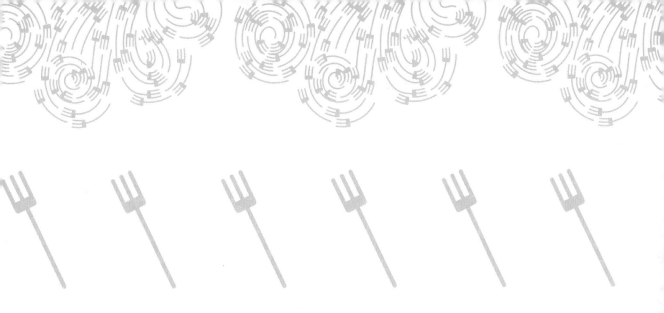

Carnes
y aves

Albóndigas

½ kg (17 oz) de carne
50 g (1,8 oz) de tocino fresco
2 huevos
Pan rallado
Aceite
1 vasito de vino blanco
Harina
1 cs de leche
1 cebolla
1 tomate
½ hoja de laurel
Sal
Perejil
Nuez moscada
Pimienta

- Picar la carne, el tocino, el perejil y la cebolla. Juntarlo con la sal, la nuez moscada, la pimienta, 1 huevo batido y la leche. Mezclar todo muy bien.

- Tomar pequeñas porciones y, bien con las manos o bien con un vasito, ir formando unas bolas pequeñas. Pasarlas luego por harina, huevo y pan rallado y dorar en la sartén con aceite, colocándolas a continuación en la cazuela (o en la olla de presión sobre la rejilla).

- Freír en el mismo aceite la cebolla. Ya dorada, verter el tomate picado y freír 5 min. Agregar a continuación ½ ct de harina, el vino blanco y el laurel, sazonar con sal y pimienta y añadir las albóndigas y ½ vaso de agua. Dejar que cuezan y, cuando estén, pasar la salsa por el pasapurés o batidora y regar las albóndigas con ella.

- Si se hace en olla de presión, tardan en cocer 10 min.

Budín
de carne

½ kg (17 oz) de carne de ternera
picada
2 latas pequeñas de fuagrás
(100 g —3,5 oz—
aproximadamente)
2 huevos
30 g (1 oz) de harina
1,5 dl (5 fl oz) de leche
1 copa de coñac
Mantequilla
Sal

- Poner a rehogar la harina con la mantequilla en una sartén, verter la leche caliente y dejar que hierva, removiendo continuamente para que no se formen grumos. Salar, retirar del fuego y dejar que enfríe un poco. Incorporar la carne picada, el fuagrás, las yemas de huevo y la copa de coñac. Revolver y, cuando se vea todo bien unido, agregar las claras a punto de nieve.

- Volcar este preparado en un molde untado de mantequilla y cocer al baño María (en la olla de presión tarda alrededor de 20 min). Se puede cocer también en el horno, pero tarda más. Para saber cuándo está cocido, comprobar si, al pinchar con una aguja de hacer punto, esta sale limpia.

- Dejar que repose 10 min y desmoldar.

Caldereta
de cordero

3½ kg de cordero lechal
3 dientes de ajo
2 cebollas
1 vaso de vino blanco
3 cs de harina
2 cs de pimentón
Manteca de cerdo

- Trocear el cordero y freírlo con manteca de cerdo. Cuando esté tomando color, colocarlo en una cazuela para que cueza, guarnecido con unas patatas y mojado con agua, añadiendo los siguientes elementos: tres dientes de ajo, dos cebollas, el hígado del cordero machacado, un vaso de vino blanco, una cucharada de harina y otra de pimentón.

- Una vez cocido, adornarlo con unos trozos de pimientos y servir en la misma cazuela.

Callos

300 g (10,6 oz) de callos de ternera
300 g (10,6 oz) de morro de vaca
150 g (5 oz) de jamón
1 morcilla
1 chorizo
1 cebolla
1 cabeza de ajos
Pimentón
Laurel
Aceite
1 tacita de vinagre
Guindilla
Pimienta en grano
Sal

- Cortar callos y morro en trozos pequeños. Echar todo en una cazuela grande con sal y una pequeña taza de vinagre. Pasarlos por varias aguas hasta que estén totalmente limpios.

- Colocarlos en la misma cazuela grande, ya limpia, cubiertos con agua fría. Llevar el agua a ebullición. Sacarlos cuando comience el hervor y lavar de nuevo.

- Añadir la cebolla, la cabeza de ajos, la pimienta en grano y el laurel a los callos y el morro. Disponer todos estos ingredientes en la cazuela al fuego y dejar cocer durante al menos 4 h.

- Sazonar, quitar del fuego y reservar.

- Picar la cebolla. Picar el jamón en dados regulares de pequeño tamaño y, el chorizo, en finas rodajas. Al día siguiente, ponerlo en una sartén con aceite, ajo y cebolla picada y dorarlos bien. Luego, añadir el jamón picado en pequeños dados regulares junto al chorizo en finas rodajas. Rehogar con 1 ct de pimentón, remover y sacar del fuego.

- Poner los callos en una cazuela de barro y retirar los ajos, la cebolla y el laurel. Añadir a los callos la fritura de la sartén.

- Añadir 200 ml (7 fl oz) de agua y sumarle la morcilla y unos fragmentos de guindilla. Dejar que se vaya haciendo a fuego moderado durante algo más de 30 min. Una vez tiernos, servir en la cazuela de barro.

Carne
a la crema

Filetes de ternera, de cerdo
o chuletas
1 vasito de nata fresca
½ kg (17 oz) de champiñones
frescos
Cebolla
Aceite o mantequilla
Sal
Pimienta

- Dorar la carne en un poquito de aceite y mantequilla. Salpimentar, dejar que se haga y pasar luego a una fuente.
- En sartén aparte, dorar también la cebolla y, cuando tome color, agregar los champiñones, ya lavados y cortados en láminas. Rehogar hasta que se vean tiernos.
- Añadir la nata al aceite y mantequilla donde se hizo la carne y dejarla hasta que adquiera un todo dorado. Incorporar entonces el preparado de champiñones, derramando toda esta salsa sobre la carne.
- Se puede acompañar con patatas fritas, moldes de arroz blanco o puré de patata.

Carne
a la jardinera

- Cocer las verduras en agua y sal, menos los tomates, y dejar que escurran.
- Asar la carne, retirarla de la grasa cuando esté hecha y reservar.
- Rehogar todas las hortalizas en la grasa de asar la carne y cortar en rodajitas. Asar también los tomates enteros en la misma grasa.
- Cortar la carne en lonchas. Ordenar las lonchas en una fuente, alternándolas con las rodajitas de las hortalizas, y enmarcar el contorno con los tomates enteros.

Zanahorias
Guisantes
Judías
Coles de Bruselas
Un poco de repollo
Acelgas
1 kg (2,2 lb) de carne
Tomates

Carne
a la toledana

¾ kg (26,5 lb) de carne
de ternera o buey
1 cebolla
1 tomate
1 pimiento verde
1 ct de pimentón
Un poco de pimienta
2 clavos
2 dientes de ajo
1 dl (3,4 fl oz) de aceite
¼ kg (9 oz) de alcachofas
2 zanahorias
100 g (3,5 oz) de guisantes
Patatas
Sal

- Cortar la carne en trozos no muy grandes.
- Picar la cebolla, el pimiento y el tomate muy fino, y el ajo en láminas.
- En una cazuela puesta al fuego con un poco de aceite, incorporar la cebolla y el ajo y rehogar un poco. Añadir después el tomate troceado y la carne, e incorporar también el pimentón, la pimienta y los clavos. Rehogarbien 15 min, cubrir con agua y dejar que cueza tapado a fuego lento.
- Cortar las zanahorias y las patatas en dados. Cuando la carne esté casi cocida, incorporar los guisantes, las zanahorias, las patatas y, por encima, repartir las alcachofas. Sazonar con sal y dejar que termine de cocer hasta que los ingredientes estén tiernos.

Carne
al horno

1 ½ kg (3,3 lb) de carne
de cerdo de la pierna
(un trozo redondo)
Panceta en lonchas
Queso en lonchas
Mostaza
Sal
Orégano
2 o 3 hojas de laurel
Mantequilla
1 copa de jerez seco

- Hacer unos cortes a la carne y poner en ellos una loncha de panceta y otra de queso. Atar bien para que no se salgan las lonchas, dándole buena forma. Untar con mostaza y espolvorear con un poco de sal, muy poca, y orégano. Deshacer las hojas de laurel y repartirlas por encima.
- Hornear la carne con un chorrito de agua y unas bolitas de mantequilla. A media cocción, verter también la copa de jerez.
- Dejar al calor hasta dorar. Degustar la carne templada.

El tiempo de cocción se calcula en hora por kilo. Esto es aproximado, ya que depende mucho del tipo de horno.

Carne
con verduras

1 kg de carne picada
2 zanahorias
1 cebolla grande
3 puerros
1 huevo
Aceite
Perejil
1 vasito de vino blanco

- Pelar, lavar y picar las verduras muy fino. Poner a pochar la cebolla y el puerro, añadir después la zanahoria y un poco de agua y dejar cocer hasta que las verduras estén tiernas.
- Batir en un bol el huevo, añadir la carne picada y las verduras, espolvorear con perejil y mezclar bien.
- Formar un rollo y dorar en la sartén con un poco de aceite. Rociar con 1 vasito de vino blanco y pasar por el horno.

Carne
guisada

Carne de espalda
1 cebolla mediana
1 o 2 dientes de ajo
2 o 3 zanahorias, según tamaño
Guisantes
Pimientos
Azafrán
Aceite
Sal
1 vasito de vino blanco
Perejil
Patatas

- Cortar la carne en trozos más bien pequeños. Verter unas gotas de aceite en una sartén y dorar la carne cortada en trozos más bien pequeños. Una vez dorada, dejarla en una cazuela.

- Picar la cebolla y el ajo y freírlos en este mismo aceite. Cortar la zanahoria en rodajas y dorarla también. Incorporar los pimientos. Los pimientos pueden ser frescos o de lata. Si son frescos, ponerlos cortados en tiras o en trozos en el aceite antes que la cebolla y el ajo, pues son más duros y tardan más en freírse; si son de lata, echarlos en la cazuela ya al final.

- Nada más la cebolla tome color (si se desea, ah se pueden poner 2 cs de salsa de tomate), volcar este preparado sobre la carne. Regar con un vasito de vino blanco, agua o caldo hasta cubrir todo y acompañar el azafrán y los guisantes.

- Mantener la cocción hasta que la carne enternezcan algo y añadir entonces las patatas cortadas en cuadrados y la sal. Continuar hasta que el conjunto esté tierno. Añadir el perejil al final.

Carne
mechada

1 redondo de ternera
Jamón serrano con parte de
tocino
1 cebolla mediana
2 o 3 dientes de ajo
1 ramita de perejil
1 vasito de vino blanco o coñac
Aceite
1 cs de manteca de cerdo
Caldo

Si la salsa resulta demasiado suelta, hervirla un instante destapada para que se evapore el agua que le sobra. La salsa ha de quedar más bien concentrada. En caso de sobrar carne, puede aprovecharse en frío como fiambre.

- Hacer tiras con el jamón. Con la aguja de mechar, ir embutiendo en la carne las tiras de jamón, procurando que vaya también parte del tocino. Mechar, pinchándola por diferentes sitios hacia dentro, o bien pellizcando la carne por la parte de fuera, y dejar atravesadas las tiras de jamón.

- Una vez mechada la carne, dorarla en la sartén con un poco de aceite y, cuando tenga un color tirando a tostado, colocarla en una cazuela o en la olla de presión y regar por encima con el aceite de dorarla. Untar luego la carne con manteca de cerdo, verter una copa de coñac o 1 vasito de vino blanco y hermanar con el ajo, la cebolla cortada por la mitad, la ramita de perejil y 2 o 3 cucharones de caldo, según el tamaño del redondo. Proseguir la cocción despacio, hasta que la carne esté hecha.

- Retirar la carne de la salsa, hacerla rodajas finas y acompañarla con patatas fritas cortadas en dados. Colar la salsa y disponerla en salsera aparte.

Carne
rellena

Una tapa de carne de ternera
Panceta o jamón
2 o 3 huevos, según el tamaño
de la tapa
Aceite
1 cebolla
2 o 3 dientes de ajo
1 ramita de perejil
1 vasito de vino blanco
o 1 copa de coñac
2 o 3 lonchas de tocino
1 vaso de caldo
Sal

- Preparar la tortilla francesa. Limpiar la carne y extender sobre una tabla con la parte del pellejo hacia arriba. Ir colocando luego tiras de jamón o panceta alternándolas con rectángulos de la tortilla francesa. Una vez todo cubierto, enrollar y atar con un hilo, asegurándose de bridarla bien y procurando que las separaciones del hilo sean lo más simétricas posible, ya que esto facilitará después el corte de la carne.

- Cortar la cebolla por la mitad. Dorar en una sartén con un poco de aceite y acondicionar en una cazuela o en la olla de presión junto con la cebolla, los dientes de ajo y el perejil. Añadir también las lonchas de tocino. Rociar el coñac o vino blanco y echar por encima el aceite donde se doró y 1 vaso de caldo o agua. Salar al gusto y dejar que cueza hasta que la carne esté del todo tierna.

- Dejar cortada la carne en rodajas cuando esta se haya enfriado, pues de lo contrario se romperá y quedará mal presentada.

En frío, tiene destino de fiambre, cortadas las rodajas lo más finas posible.

Cerdo
a la naranja

1 kg (2,2 lb) de carne de cerdo
Ajo
1 kg (2,2 lb) de naranjas

- Atar bien la carne con un hilo, enrollarla y dorar al fuego. Depositarla en una cazuela con un poco de ajo picado y el zumo de las naranjas (un kilo de naranjas por kilo de carne) y cocer lentamente dándole algunas vueltas para que se haga bien por todos los lados.

- Cortar en rodajas y ofrecer la fuente adornada con unos gajos de naranja.

Cerdo
agridulce

¾ kg (26,5 oz)
de magro de cerdo
1 zanahoria grande
o 2 medianas
4 cebollitas pequeñas o 1 grande
1 lata pequeña de piña
Salsa agridulce

- Cortar la carne en dados y dorarla en aceite caliente, pero no demasiado, a fin de que se haga por dentro. Depositarla al instante en una cazuela.

- Cortar en trozos la cebolla y la zanahoria y rehogarlas en el mismo aceite (si son cebollitas pequeñas, trocearlas en cuatro; si es una grande, cortarla en trozos). Separar las cebollas por capas. Rehogar luego todo, pero no demasiado: han de quedar un poquito duras, pero hechas.

- Corta la piña en dados e incorporarla. Rociar con la salsa agridulce, volcar sobre la carne y dejar que repose un ratito hasta que absorba el sabor.

- Degustar en compañía de un arroz tres delicias.

Chuletillas
de cordero

20 chuletillas de cordero
(con hueso o sin él
de 1 cm (0,39 pulg.) de grosor)
Sal

- En una sartén con poco aceite (o incluso sin nada), dorar las chuletillas por ambos lados dejando el interior jugoso, pero hecho.
- Se puede acompañar con unas patatas fritas.

Chuletillas
de cordero con guisantes

1 kg (2,2 lb) de chuletas
de cordero
400 g (14 oz) de guisantes
40 g (1,4 oz) de mantequilla
Sal
Limón
Nuez moscada
Pan rallado
Huevo

- Aplastar las chuletas y sazonar con sal, limón y nuez moscada. Pasar por pan rallado y huevo batido, freír y depositar de modo ordenado sobre una fuente redonda formando una corona.
- Desgranar los guisantes. Saltearlos en la mantequilla. Como colofón, rellenar el centro con los guisantes.

Los guisantes pueden sustituirse por alcachofas, e incluso por un conjunto de distintas verduras depositadas en montoncitos.

Churrasco

1 kg (2,2 lb) o más
de falda de ternera
1 vasito de vino blanco
2 cs de pimentón
Ajos
Cebollas pequeñas
o una grande cortada
Aceite
Coñac
Sal

- Dejar en remojo la carne en una fuente de horno, no metálica, junto con el vino blanco, 2 cs de pimentón, 3 o 4 dientes de ajo picados, 2 o 3 cebollitas enteras o una grande cortada, un chorro de aceite, 1 copa de coñac y sal.
- Al día siguiente, hornear la carne tal como está y dejarla bien doradita a fuego vivo.
- Acompañar con un buen puré de patata.

Conejo
a la cazadora

1 conejo
100 g (3,5 oz) de jamón
50 g (1,8 oz) de tocino
1 cebolla grande
1 tomate grande
1 diente de ajo
1 ramita de perejil
Tomillo
Un trocito de mantequilla
1 vaso de vino blanco
½ copa de coñac
⅛ l (4,4 fl oz) de aceite
Perejil picado
Pan frito

- Trocear el conejo, cortar el tocino en cuadrados pequeños, picar la cebolla y el ajo y trocear el jamón también en cuadraditos.

- Poner el aceite y el tocino en una cazuela y, cuando este se haya derretido, freír la cebolla y el ajo en su grasa. Dorar ligeramente, escurrir bien y retirar a un plato. Freír los cuadraditos de jamón en la misma grasa, escurrirlos también y añadirles la cebolla.

- Salpimentar los trozos de conejo y pasarlos por esta grasa hasta que estén bien doraditos. Despepitar y cortar el tomate. Verter el coñac y el vino blanco y acompañar con el tomate, la ramita de perejil, el tomillo, la cebolla y el jamón reservados. Tapar la cazuela y mantener la cocción 20 min a fuego vivo.

- Cuando se vaya a degustar, agregar la mantequilla a la salsa. Colocar después los trozos de conejo en una fuente, regar con la salsa por encima y perfilar con el pan frito.

- Finalizar con un espolvoreo de perejil picado y el acompañamiento de unos champiñones al ajillo preparados previamente.

Conejo
en su jugo

1 conejo ya pelado
Aceite
1 ramita de romero
Sal
½ vaso de vino blanco seco

- Lavar el conejo sin la cabeza. Secar y cortar en trozos.
- Calentar el aceite en una sartén lo suficientemente grande para que quepan los trozos del conejo y colocarlo allí junto con la ramita de romero. Darle vueltas para que se doren bien todos los trozos. Salar y rociar con ½ vaso de vino blanco seco.
- Tras cocer lentamente al menos 1 h, disfrutar del plato, acompañado con unas patatas fritas.

Escalopines

1 pierna de cordero
Sal
Limón
1 huevo
Pan rallado
Salsa besamel
Aceite

- Deshuesar una pierna de cordero y hacerla filetes.
- Aderezarlos con sal y limón y prepararlos de la forma siguiente que más guste:
- **Preparación 1.** Freírlos o hacerlos a la plancha.
- **Preparación 2.** Pasarlos por huevo y pan rallado, y freírlos.
- **Preparación 3.** Envolver en besamel espesa y, una vez fríos, rebozarlos en huevo y pan rallado, y freírlos en abundante aceite caliente.

En cualquier caso, pueden acompañarse con ensalada del tiempo.

Filetes
a la Wellington

1 solomillo
1 cebolla
Mantequilla
¼ kg (9 oz) de champiñones
3 tomates pequeños
Extracto de carne
Perejil
Sal
Pimienta negra molida
De 300 g (10,6 oz) a ½ kg (17 oz)
de pasta de hojaldre,
según el tamaño del solomillo

- Limpiar el solomillo y ponerle sal y pimienta negra. Asarlo a fuego vivo de 10 a 15 min y dejarlo hecho por dentro.

- Freír en la mantequilla la cebolla picada fina y, también, los champiñones laminados. Sofreír bien hasta que haya embebido todo el jugo. Pelar y cortar los tomates, y picar muy bien el perejil. Añadir luego los tomates y 3 cs de extracto de carne. Mantener a fuego lento hasta que se vea bastante seco. Incorporar después 2 cs de perejil bien picado y aromatizar con un poco más de sal y pimienta.

- Extender el hojaldre de forma cuadrangular, calculando que al colocar la carne en el centro quede suficiente masa por los lados para poder cerrarlo bien. Depositar en el centro la mitad de la salsa preparada y añadir la carne sobre ella y derramar el resto de la salsa. Unir los bordes del hojaldre con abundante yema de huevo y sellarlos bien para que no se abran durante la cocción.

- Dejar al horno hasta que esté suficientemente dorado y, por último, se salsea con la salsa al vino de Madeira y, como guarnición, acompañar con unas verduras.

Filetes
con champiñones y aceitunas

Filetes un poco gorditos
Champiñones y aceitunas
Huevo y pan rallado
Cebolla
Ajo
Perejil
Pimienta negra en grano
Aceite
Mantequilla
Sal

- Rebozar los filetes en huevo batido y pan rallado y dorar en aceite caliente, colocándolos a continuación en una cazuela (mejor si tiene rejilla).

- Picar la cebolla. Freír en el mismo aceite la cebolla, el ajo y el perejil. Añadir la mantequilla, unos granos de pimienta negra, los champiñones y las aceitunas sin hueso. Regar sobre los filetes con un chorro de fino, agua o caldo y salar al gusto.

- Dejarlas cocer a fuego lento y preparar la guarnición: unas patatas fritas cuadradas o arroz blanco.

Filetes
de lomo con almendras

20 filetes finos de cinta de lomo
100 g (3,5 oz)
de almendras molidas
2 huevos
Aceite
Sal
Pan rallado

- Espolvorear de sal los filetes y depositar, entre dos de ellos, un montoncito de almendras molidas.

- Rebozar en huevo y pan rallado. Freír.

- Consumir acompañados de puré de patata o alguna guarnición de verduras.

Filetes de pollo
al fuagrás

Filetes de pollo
Pan de barra
1 lata pequeña de fuagrás
Mantequilla
Aceite
Pan rallado
Sal

- Cortar el pan en rebanadas finas (tantas como filetes) y freírlas. Una vez fritas, untarlas con fuagrás y reservarlas.

- Aplanar los filetes, salarlos y untarlos con mantequilla derretida; rebozarlos luego en pan rallado y freírlos en aceite y mantequilla a partes iguales.

- Una vez fritos, colocarlos sobre las tostadas y acompañarlos con una ensalada de lechuga y tomate.

Filetes de pollo
con champiñones

Filetes de pollo
½ kg (17 oz) de champiñones
Varios dientes de ajo
Aceite
Sal

- Adobar los filetes de pollo con ajo y sal y reservar aparte.

- Verter un chorrito de aceite en una cazuela y dorar varios dientes de ajo sin dejar que se tuesten. Limpiar y cortar los champiñones y añadirlos a la cazuela. Cocer todo a fuego lento.

- Freír los filetes de pollo. Ya fritos, depositarlos a continuación sobre los champiñones y cocer un ratito.

Les va muy bien ponerles una punta de guindilla.

Galantina
o gallina trufada

1 gallina de 1 ¼ kg (2,8 lb)
o 1 ½ kg (3,3 lb)
después de limpia
Igual peso de carne de cerdo
que de gallina
1 o 2 lonchas de jamón un poco
gorditas
2 o 3 trufas
1 o 2 huevos, según sea su
tamaño o la consistencia
del relleno
Sal
Pimienta
Algún hueso, mejor de pata de
ternera
Corteza de tocino
Cebollas
Perejil
1 o 2 clavos
¼ l (9 fl oz) de vino blanco
3 zanahorias
Jamón
Tomillo
Laurel

- La gallina (o pollo) ha de tener la piel entera y fuerte. Seccionar esta por la espalda, de arriba abajo. Tras cortar el cuello lo más bajo posible, empujar hacia abajo. Cuidar de no romper la piel y separar de la carne y los huesos. Coser las puntas de las alas y patas por el revés y darles la vuelta ya cosidas. Colocar extendida sobre una tabla.

- Separar la carne de los huesos y picar en la máquina junto con la carne de cerdo, reservando enteros los filetes de la pechuga. Picar también las trufas y mezclar este picado con 1 o 2 huevos (según admita), algo de jamón, sal y pimienta.

- Rellenar con esta mixtura la piel, procurando darle la forma de la gallina y sin llenarla demasiado, pues esta al cocer encoge y puede romperse. Una vez bien repartido el picado por alas y patas y el cuerpo, ordenar tiras de pechuga de las reservadas y unas tiras de jamón encima y a lo largo. Cerrar, coser con aguja e hilo, envolver en una servilleta y coserla también ajustándola, pero sin apretar.

- Limpiar y raspar la corteza de tocino. Cortar las cebollas y za-nahorias en rodajas. Disponer todo en una cacerola donde que-pa holgada la gallina. Depositar luego la gallina sobre este lecho, jalonar alrededor con los huesos de las alas y del caparazón y la pata de ternera. Aromatizar con un ramito de perejil, tomillo, laurel y 1 o 2 clavillos, tapar y hervir a fuego muy moderado durante 15 min. Verter agua, vino blanco o jerez hasta cubrir la gallina, sazonar con sal y pimienta negra en grano y llevar a ebullición. Espumar y dejar que cueza entre 30 min y 45 min.

- Pasar entonces la gallina a un plato, dejar un ratito y desenvolver de la servilleta. Dejar que el caldo cueza destapado, hasta redu-cir a 1 ½ l (51 fl oz), y, después, colar por una servilleta sobre un cacharro no metálico.

- Envolver de nuevo la gallina en otra servilleta, atar las extremi-dades con un bramante y depositar en una fuente. Poner luego esta con un peso encima de 3 kg (6,6 lb) o 4 kg (8,8 lb) (pueden ser unos libros) y dejar que enfríe así durante varias horas. Des-envolver al cabo del tiempo y cortar como fiambre.

- Elaborar a continuación el caldo con la gelatina. Si no tuviera bastante consistencia, incorporarle 1 o 2 hojas de cola de pescado. Clarificar en una cacerola poniendo una copa de jerez, 2 claras de huevo y 2 o 3 granos de pimienta negra. Agregar el caldo, que estará cuajado, y llevar al fuego. Revolver todo con una batidora y, al momento de empezar a hervir, reducir el fuego para que se haga lentamente en 20 min. Pasar por un lienzo mojado en agua fría y esperar a que cuaje en un sitio fresco.

- Picar o cortar la gelatina con un cortapastas y decorar con ella la fuente del fiambre.

Hamburguesas
caseras

¼ kg (9 oz) de carne picada
1 lata pequeña
o 2 cs de fuagrás
1 huevo
2 cs de pan rallado
Perejil
1 diente de ajo
Sal
Pimienta
Harina
Aceite

- Majar en el mortero un diente de ajo y una ramita de perejil. Sazonar la carne con sal y pimienta e incorporar el fuagrás, el huevo, el pan rallado, el ajo y el perejil.
- Amasar esta mezcla hasta que ligue. Formar hamburguesas de un tamaño mediano. Rebozar en harina y freír a fuego no demasiado vivo.

Hígado
encebollado

Si el hígado se toma frito, debe hacerse a fuego vivo y poco tiempo.

½ kg (17 oz) de hígado
1 cebolla grande
Aceite
1 chorizo
150 g (5 oz) de jamón serrano
Sal
1 chorro de vino blanco

- Limpiar el hígado, eliminar la piel que lo envuelve y cortarlo en dados.
- Picar la cebolla. Echar unas gotas de aceite en una cazuela hasta que cubra el fondo. Dorar la cebolla hasta que quede blanda, no frita. Incorporar el hígado.
- Cortar el chorizo en rodajas. Cortar el jamón en dados. Rehogar todo y añadir el chorizo y el jamón, remojar con el vino blanco, salar y cocer a fuego lento hasta que el hígado se muestre tierno.

Lacón
con grelos

1 lacón medio curado
3 kg (6,6 lb) o 4 kg (8,8 lb)
de grelos, según el tamaño
del lacón
Chorizos
Patatas

- Poner el lacón en remojo el día anterior. Retirar el agua a la hora de cocinarlo al día siguiente. Rascar a fondo con un cuchillo hasta que quede limpio. Colocarlo luego en una olla cubierto de agua y cocer desde las diez de la mañana para servirlo entre las dos y media y las tres. No poner sal, pues normalmente es suficiente con la que ya aporta el lacón.

- Lavar los grelos. Si son largos, cortarlos a la mitad; si son pequeños, retirarles solamente la punta del tallo. Después, a las doce, incorporarlos al lacón.

- Cuando los grelos han perdido el sabor a verde, echar las patatas enteras (procurar que sean de las que no se deshacen) y, 30 min antes de dar por finalizada la cocción, acompañar los chorizos.

Lomo
a la naranja

1 kg (2,2 lb) de lomo de cerdo
2 vasos de zumo de naranja
1 vaso de vino blanco
1 vaso de caldo o agua
3 cs de azúcar
2 limones
Sal
Aceite
1 copita de Cointreau
1 cáscara de naranja
Harina

- Atar el lomo y sazonarlo con sal y limón.

- Rebozar el lomo en harina. Derramar en una cazuela unas gotas de aceite y, cuando esté caliente, dorar el lomo. Bien dorado, añadirle 1 vaso de zumo de naranja, el zumo de ½ limón, el vino y el caldo. Tapar y proseguir la cocción lentamente durante 30 min.

- Retirar la carne, dejar que enfríe la salsa y desengrasar.

- Cortar la cáscara de una naranja en tiritas y ponerla a cocer en agua durante 15 min. Escurrir y reservar.

- Poner al fuego la salsa y agregarle el otro vaso de zumo de naranja, el zumo del otro ½ limón y las 3 cs de azúcar hechas caramelo en una sartén. Verter la copita de Cointreau, aportar también las tiritas de naranja ya cocidas y cocer unos min. Cortar el lomo en lonchas finas y cubrir con la salsa.

- Acompañar con cebollitas pequeñas cocidas en agua durante unos minutos y añadidas a la salsa.

- El detalle del plato se le da con unas rodajas de naranja.

Lomo
Stroganoff

¼ kg (9 oz) de lomo de cerdo
Mantequilla o margarina
2 o 3 cebollas medianas
½ taza de caldo de ave
3 cs de concentrado de tomate
1 cs de pimentón dulce
Sal
1 vasito de crema de leche

- Cortar el lomo en rodajas de 1 cm (0,4 pulgadas) de grosor y hacer luego en tiras. Dorar en la mantequilla y retirar. Cocer las cebollas en la misma mantequilla, dejándolas con muy poco fuego, sin que lleguen a tomar color.

- Incorporar a continuación la carne, el caldo, el concentrado de tomate, la sal y el pimentón. En cuanto la carne esté tierna, distribuir la crema de leche sobre el conjunto.

- Degustar acompañado con puré de patata o arroz blanco.

Mollejas
en salsa

¾ kg (26,5 oz) de mollejas de ternera
1 ½ cebolla
1 pimienta de Cayena
3 dientes de ajo
1 vaso de vino blanco
Aceite de oliva virgen
1 cs de pimentón
1 cs de harina y perejil

- Pochar la cebolla en una cazuela con aceite caliente.

- Trocear las mollejas. Añadir las mollejas y la pimienta de Cayena a la cazuela. Rehogar.

- Majar 2 dientes de ajo con el perejil e incorporarlo a la cazuela.

- Agregar el pimentón y la harina y mover bien.

- Mojar con el vino blanco y dejar cocer durante 20 min.

Morcillo (jarrete)
con verduras

1 kg (2,2 lb) de morcillo
(en un trozo)
50 g (1,8 oz) de manteca
de cerdo
1 vaso de vino blanco
200 g (7 oz) de puerros
Zanahorias
Repollo
Sal
Pimienta

- Atar el morcillo con un hilo fuerte y acondicionarlo en una fuente de horno. Untar a continuación con la manteca de cerdo y salpimentar. Remojar con el vino blanco y hornear a fuego fuerte.

- Mientras se hace, cortar las verduras en tiritas y, a media cocción, incorporarlas al morcillo.

- Nada más se vea hecho, retirarlo del horno. Dejar que enfríe unos instantes y trincharlo en porciones individuales.

- Degustar con las verduras.

Se le puede dar un toque especial con unas deliciosas alcachofas cocidas cortadas en cuartos.

Pastel de carne
(para aprovechar sobras)

Carne cocida de cualquier tipo
Tocino entreverado
Cebolla
Mantequilla
Sal
Pimienta
Nuez moscada
Pan rallado
1 o 2 huevos
Aceite
Ensalada

- Picar la carne, el tocino y la cebolla. Freír la carne, el tocino, la cebolla, y añadir, sal, pimienta, nuez moscada y dejarlo enfriar. Incorporar el huevo (o los huevos, según la cantidad) y trabajar la mezcla hasta que todo ligue bien.

- Hacer un rollo, rebozar en pan rallado y pasar a un molde alargado, previamente untado de mantequilla y espolvoreado con pan rallado, y hornear hasta que se dore bien.

- Desmoldar y consumir en frío o en caliente.

Pavo
relleno

1 pavo
300 g (10,6 oz) de lomo de cerdo
200 g (7 oz) de jamón serrano
50 g (1,8 oz) de pasas
50 g (1,8 oz) de piñones
2 copas de *brandy*
Sal
Nuez moscada molida
2 huevos
Manteca de cerdo

- Abrir el pavo, limpiarlo y flamearlo.

- Hacer un picadillo con el lomo de cerdo y el jamón; incorporar las pasas y los piñones al picadillo y rociarlo con 1 copa de *brandy*. Salpimentar, añadirle la nuez moscada y los huevos batidos y hacer una pasta con todo. Rellenar el pavo con esa pasta y coser el pavo.

- Untar el ave con manteca de cerdo y meterla en el horno, rociando de vez en cuando con el jugo que suelta. Cuando esté casi tierno, regarlo con la otra copa de *brandy*.

Suele acompañarse con un puré de castañas.

Pechuga
a la Villeroy

1 pechuga de pollo
o gallina bien gordita
1 manojo de zanahorias
1 manojo de puerros
1 cebolla
1 punta de jamón
6 u 8 lonchas de jamón finas
¼ l (9 fl oz) de leche
9 cs de harina
50 g (1,8 oz) de mantequilla

- Ponera cocer la pechuga con las zanahorias, los puerros, la punta de jamón y la cebolla. Una vez cocida, retirar la pechuga del caldo, cortarle las alas y separar la carne de los huesos y la piel haciendo tres o cuatro porciones de cada media pechuga. Extender las lonchas de jamón y enrollar las porciones de la pechuga en cada una de ellas.

- Elaborar una besamel espesa con la leche, la harina y la mantequilla, y rebozar en ella los rollos. Dejar que se enfríen. Cuando estén fríos, rebozarlos también en huevo y pan rallado y freírlos en aceite muy caliente.

Perdices
estofadas

2 perdices
75 g (2,6 oz) de tocino
100 g (3,5 oz) de aceite
12 cebollitas
1 cs de salsa de tomate
2 dientes de ajo
1 hoja de laurel
Un ramito de tomillo y perejil
Sal
Pimienta

- Limpiar las perdices y atarlas con hilo, de modo que conserven la forma.

- Ponerlas en una cacerola de barro con el aceite, el ajo y el tocino cortado en trozos. Rehogarlas después hasta que tomen un bonito color dorado. Acompañar entonces el tomate, salpimentar y añadir laurel, tomillo y perejil. Tapar la cacerola, cocer a fuego lento durante 2 h e incorporar las cebollitas peladas a media cocción.

- Presentar las perdices, despojadas del hilo con que han sido atadas, en una fuente al abrigo de las cebollitas y regadas con la salsa pasada antes por un colador.

Perdiz
en su salsa

1 perdiz
1 tacita de aceite
1 cs de manteca de cerdo
2 cebollas
2 dientes de ajo
1 ramita de perejil
1 chorretón de vinagre
½ cs de pan rallado
Un trocito de chocolate
6 cebollitas pequeñas
Sal
Pimienta negra
Pan

- Limpiar, flamear y lavar la perdiz, y secarla a fondo. Atar seguidamente con hilo para que no se deforme.

- Poner a calentar el aceite en una cacerola y dorar en esta grasa la perdiz. Picar bien la cebolla. Ya dorada la perdiz, añadir la cebolla, el ajo y el perejil, rehogando todo bien, pero sin quemarlo. Verter luego el vinagre y un poco de agua hirviendo, salpimentar y cocer lentamente para que no se queme. Agregar las cebollitas y, una vez cocidas, retirarlas a un plato para que se conserven.

- Ya cocida, añadir a la perdiz el chocolate y el pan rallado y dejar que hierva todo junto unos min. Retirar del calor, quitarle el hilo y colocarla en una fuente trinchada antes a la mitad. Pasar la salsa por el colador chino, apretando bien para que resulte espesita, echar las cebollitas para que caliente y volcar todo sobre la perdiz.

- Adornar con las cebollitas y triángulos de pan frito.

Pichones
con guisantes

2 pichones
600 g (21,2 oz) de guisantes
desgranados
125 g (4,4 oz) de tocino magro
50 g (1,8 oz) de mantequilla
25 g (0,9 oz) de harina
Cebollitas pequeñas
50 g (1,8 oz) de jamón
4 dl (13,5 fl oz) de caldo
Sal
Pimienta
Perejil
Laurel

- Limpiar y flamear los pichones. Cortarles el cuello, colocarles el higadillo dentro de nuevo y armarlos. Cortar el tocino en dados. Derretir la mantequilla en una cazuela y freír el tocino en ella. Retirar a un plato y, en la misma grasa, dorar los pichones.

- Agregar las cebollitas y la harina y, ya doraditas, desleír con caldo. Incorporar también los guisantes, el perejil, el laurel, sal y pimienta y cocer 30 min a fuego lento.

- Distribuir los guisantes, las cebollitas y el jamón recién cocidos sobre una fuente honda y, encima, instalar los pichones cortados por la mitad.

Pierna
de cordero asada

1 pierna de cordero
5 dientes de ajo
Perejil
Sal
Manteca de cerdo
Vino blanco
Patatas redondas pequeñas

- Preparar un majado hecho en el mortero con los 5 dientes de ajo, el perejil y la sal. Embadurnar la pierna de cordero con él. Untar generosamente con manteca de cerdo, rociar con vino blanco y hornear fuerte durante 30 min.

- Hervir las patatas brevemente en agua con sal. Retirar, darle la vuelta, rociar por encima con la salsa y dejar otros 30 min. Salsear de vez en cuando para que no salga seco.

- Tras los primeros 30 min, al darle la vuelta, introducir unas patatas redondas más bien pequeñas y previamente hervidas un instante en agua con sal. Rehogarlas de cuando en cuando con la salsa y dejar que terminen de hacerse.

Pollo
a la cerveza

1 pollo
1 botellín de cerveza
1 cebolla grande
Harina
Aceite
Sal

- Trocear el pollo, sazonar con sal, rebozar en harina y freír hasta que se doren los trozos.

- Rehogar luego la cebolla en una cazuela aparte con unas gotas de aceite. Tapar y dejarla hasta ablandar.

- Incorporar el pollo frito a la cazuela, regar con la cerveza y cocer todo a fuego lento.

En caso de preparar más de un pollo, se les echará un botellín de cerveza por pieza.

Pollo
al ajillo

1 pollo
6 o 7 ajos
Pimienta
Sal
Perejil
1 limón grande o 2 pequeños
Aceite

- Limpiar y cortar el pollo en trozos pequeños. Ponerlos luego en adobo con limón, ajo, perejil, pimienta y sal (todo ello majado en el mortero) durante 3 h o más (para mayor comodidad, se puede preparar el día anterior).

- Pasado este tiempo, freír los trozos de pollo en aceite muy caliente y dejarlos muy doraditos. Colocarlos en la fuente donde se van a servir.

- Machacar unos dientes de ajo y perejil, y freírlo en el aceite sobrante. Verter esta fritura sobre los trozos de pollo y rehogarlos ligeramente al fuego.

- Dejarlos así tapados durante 2 min y, cuando absorban el aroma, servir inmediatamente.

Pollo
al chilindrón

1 pollo
4 dientes de ajo
1 vaso pequeño
de vino blanco o jerez
Tomates
Un trocito de tocino de jamón
Perejil
1 pimiento morrón
Sal
Pimienta
Aceite
½ cebolla

- Cortar el pollo y dorarlo en aceite. Pasar los trozos ya dorados a una cazuela (mejor de barro) y acompañarlo con 2 dientes de ajo y el vino blanco (puede ser mitad vino blanco, mitad jerez seco, o, si se desea un sabor más fuerte, solamente ½ vaso de jerez).

- Cortar el tocino en cuadraditos y picar la ½ cebolla. Preparar una salsa de tomate con aceite y el trocito de jamón. Recién derretido este, incorporar cebolla, 2 dientes de ajo y perejil. Dorar en conjunto, echar después los tomates y cocer hasta obtener una salsa gordita. Batir con la batidora y salsear el pollo, dejándolo cocinar a fuego lento.

- Sazonar con sal y pimienta y decorar con unas tiras de pimiento.

Pollo
al coñac

1 pollo
¼ kg (9 oz) de zanahorias
1 cebolla grande
1 cs de harina
1 copa de coñac
Sal
Aceite

- Limpiar el pollo, cortarlo en ocho trozos, dorarlos en aceite e irlos colocando en una cazuela. Picar la cebolla y cortar las zanahorias en rodajas pequeñas. Freír en el mismo aceite la cebolla y las zanahorias. Una vez dorado, añadir 1 cs de harina.

- Rociar el pollo con la copa de coñac, regar con el sofrito preparado previamente y un vaso pequeño de agua, salar y proseguir la cocción a fuego lento.

Pollo
asado con limón

1 pollo
2 o 3 limones
1 pastilla de caldo

- Lavar y limpiar el pollo. Acondicionarlo en una fuente de horno, rociarlo con el zumo de 1 o 2 limones y desmenuzar por encima la pastilla de caldo. Ponerle luego dentro un limón cortado a la mitad y llevar al horno hasta que su carne se vea doradita.

Pollo
en pepitoria

1 pollo
1 copa de vino de jerez
Aceite
2 yemas de huevo cocidas
12 almendras crudas
1 cebolla mediana
1 diente de ajo
Harina
Caldo
Un trocito de laurel
Sal
Pimienta
Perejil
Laurel
Patatas

- Hacer el pollo trozos, sazonar con sal y pimienta, rebozar en harina y dorar en aceite, evitando que se quemen. Reservar en un plato aparte.
- Picar la cebolla. Freírla. Cuando esté dorada, añadirle los trozos de pollo, rehogar bien y regar con el vino de jerez. Al romper el hervor, aportar el caldo suficiente, perejil y un trocito de laurel. Dejar luego a fuego lento hasta que el pollo esté tierno, removiéndolo de vez en cuando para que no se pegue.
- Dorar el ajo y pelar las almendras. Majar ambos en el mortero. Agregar las yemas de huevo duro y, una vez todo machacado, desleír con un poco de caldo caliente. Volcar luego sobre el pollo y dejar que termine de cocer.
- Acondicionar sobre una fuente, espolvorear con perejil picado y acompañar con patatas fritas.

Pollo
frito

1 pollo	• Desmenuzar el pollo, cortándolo en trozos pequeños. Adobar
Ajos	luego con bastante ajo y la sal correspondiente y dejar durante 2
Sal	o 3 h. Freír hasta que esté bien dorado.
Aceite	

Aunque se puede consumir
en caliente o en frío, como
mejor está es tibio.
Suele emplearse para cenas
frías o meriendas.

Rabo de buey
a la hortelana

1 rabo de buey
Aceite
Una pizca de pimienta
Clavo
1 vaso de vino blanco
1 puñado de cebollitas
2 zanahorias
Patatas nuevas
Guisantes
Maíz dulce

- Cortar el rabo de buey por las juntas y rehogarlo en aceite a fuego vivo. Sazonar con pimienta y clavo, mojar con un vaso de vino blanco y cocer hasta que se haya consumido casi por completo.

- Disponer entonces el rabo en una cazuela, verter el caldo hasta cubrirlo y continuar la cocción a fuego lento.

- Trocear las zanahorias en rodajas gruesas. Rehogar mientras tanto un puñado de cebollas pequeñas y las zanahorias. Echar sobre el rabo una vez cocido y dejar cocer.

- Colocar la carne en una fuente rodeada de las verduras y derramar por encima la salsa colada (ha de estar espesita).

En cuencos aparte, llevar a la mesa unas patatas nuevas cocidas y rehogadas, guisantes, también cocidos y rehogados, maíz dulce, etc.

Redondo
a la americana

1 redondo de ternera
Maíz cocido
Puré de patata
Guisantes
Sal

- Limpiar el redondo de gordos y grasas. Acondicionarlo en una cazuela, tapar y pasar por el horno sin salar. Tardará en hacerse según sea su tamaño, pero a los 45 min aproximadamente, mirar cómo está y darle la vuelta.
- Apartar del horno y retirar de la cazuela cuando muestre un buen color por todos los lados.
- Echar un poco de agua o caldo en la cazuela, despegar del fondo el tostado que ha quedado y formar con ello una salsa que poner en una salsera aparte.
- Cortar el redondo en rodajas, colocarlas de forma ordenada en una fuente calentada previamente y acompañar con maíz cocido, puré de patata y guisantes cocidos.

En lugar de sal, se puede poner un cubito de caldo de carne.

Redondo de ternera
asada en su jugo

1 redondo de ternera
Tocino entreverado
1 vaso de vino blanco
1 vaso de caldo
Puré de patata
Maíz
Mantequilla
Coles de Bruselas
Aceite

- Verter aceite en una cazuela (que moje el fondo), formar un lecho con las tiras de tocino y disponer encima la carne. Cubrir el redondo con otras tiras de tocino, tapar y rehogar a fuego suave hasta que esté dorado por igual. Añadir el vino blanco y el caldo (un vaso de cada). Cuando esté en su punto, trinchar.
- Dejar listo. Acompañar de puré de patata, maíz dulce rehogado en mantequilla y coles de Bruselas previamente cocidas y rehogadas en mantequilla.
- Comprobar el punto de sal, porque el tocino puede proporcionarle ya la suficiente.

Riñones de cordero
al jerez

¾ kg (26,5 oz) de riñones
1 dl (3,4 fl oz) de aceite
1 copa de jerez
25 g (0,9 oz) de mantequilla
2 dl (6,7 fl oz) de caldo
concentrado
1 ct de harina
Sal
Pimienta
Patatas

- Limpiar los riñones de piel y grasa y cortarlos en rodajas finas, sazonarlos con sal y pimienta y pasarlos por una sartén con aceite bien caliente. Saltearlos a fuego vivo durante 5 min y depositarlos sobre un colador para que escurran (desechar la salsa que suelten).

- Disponer los riñones ya salteados y escurridos en una cazuela, agregar la copa de jerez y cocer 2 min justos.

- Mezclar el caldo, la mantequilla y la harina en un cazo y dejar cocer unos minutos. Salpimentar todo y volcar sobre los riñones. No dejar hervir más.

- Consumir con unas ricas patatas paja.

Rollo
de carne picada

½ kg (17 oz) de carne picada
50 g (1,8 oz) de jamón picado
2 dientes de ajo grandes
2 huevos
Pan rallado
1 cebolla mediana
1 dl (3,4 fl oz) de vino blanco
Concentrado de tomate
Harina
Sal
Aceite
Patatas

- Batir el huevo en un cacharro hondo y añadirle la carne, el jamón y 1 diente de ajo, todo ello picado, junto con el vino blanco y pan rallado. Continuar batiendo hasta obtener una pasta consistente. Formar un rollo con ella, rebozarlo en harina, huevo y pan rallado y dorar en unas gotas de aceite caliente. Dejarlo reposar sobre una cazuela con rejilla.

- Picar la cebolla. Dorar la cebolla y 1 diente de ajo en este mismo aceite. Nada más tomen color, incorporar el concentrado de tomate, mantener la cocción unos minutos y remojar con el vino blanco y un poco de agua o caldo. Cocer después a fuego moderado hasta que la carne se vea tierna.

- Dejar enfriar fuera de la salsa. Cortar luego en rodajas finas y acompañar con la salsa y patatas fritas.

Sesos

Sesos
2 zanahorias
1 cebolla
Vinagre o vino blanco
Clavos de especia
Una ramitas de perejil
Sal
Pimienta

- Desangrar primero los sesos perfectamente. Para ello, ponerlos en remojo en agua fresca y cambiársela varias veces según vayan soltando la sangre.

- 1 h antes de cocerlos, dejarlos en agua templada durante 10 min. Cortar las zanahorias en trocitos. Eliminar la telilla que envuelve los sesos, lavarles la sangre y, ya limpios, cocer en una cazuela con agua fría, cebolla y las 2 zanahorias, un poquito de vinagre o vino blanco, clavos de especia, 2 ramitas de perejil, sal y pimienta.

- Dejar cocer lentamente entre 10 y 15 min, según tamaño. Escurrir y dejar tapados hasta el momento de guisarlos.

Los sesos necesitan siempre una limpieza y una cocción previa para cualquier tipo de guiso.

Ternera
con castañas

Carne de ternera (aleta, pierna, aguja, etc.)
½ kg (17 oz) de castañas ya peladas
1 cebolla mediana
1 vaso de vino blanco
1 vaso de agua
Aceite
Sal
Puré de patatas

- Dorar bien la carne en aceite y reservar en un plato.

- Picar la cebolla. Freír en este mismo aceite la cebolla y, cuando ya está dorada, refrescar con el vino y el agua.

- Poner de nuevo la carne en el aceite y repartir alrededor las castañas. Salar y cocer acto seguido a fuego lento y, si hiciera falta, agregarle un chorro de agua hirviendo.

- Dejar preparada la carne en una fuente rodeada de las castañas y puré de patata y bien salseado el conjunto.

También se puede elaborar con nueces.

Postres

Almendrados

¼ kg (9 oz) de almendras crudas
¼ kg (9 oz) de azúcar
3 claras de huevo
Obleas

- Picar muy finamente las almendras, una vez desprovistas de la piel, y mezclarlas con el azúcar.

- Montar las claras a punto de nieve y juntar con los otros ingredientes hasta formar una pasta ni demasiado blanda ni demasiado dura, pero consistente. Ir poniendo montoncitos de esta pasta sobre las obleas. Disponer estas sobre una placa de hornear y cocerlas a horno moderado hasta dorarlas.

Almíbar

1 taza de azúcar
1 taza de agua

Colocar los ingredientes en una cacerolita, disolver el azúcar en el agua y llevar al fuego mediano 15 min aproximadamente. Lo importante es no dejar de remover: cocinar hasta que espese.

Utilizado con frecuencia en repostería, el almíbar tiene distintas graduaciones o estados que para una persona novel es muy difícil distinguir. Esta escala o graduación viene impuesta por las exigencias de cada receta, por lo que podemos dar unas indicaciones muy simples que sirvan de orientación:

- El almíbar o jarabe, también llamado *sirope*, se emplea para endulzar frutas frescas, emborrachar bizcochos, etc. Para saber si tiene este punto, se humedecen previamente la manos en agua fría y está listo cuando, al tocarlo queda pegado a los dedos.

- La hebra fina o floja es el punto en que el almíbar, tras mojar las manos en agua fría, forma un hilo muy fino y se rompe enseguida al separar entre los dedos pulgar e índice la gota que suelta la cuchara de madera con que lo hacemos.

- Es hebra gruesa cuando, tras haberlo dejado cocer otro poco, el hilo que se forma es más consistente y al estirarlo ofrece mayor resistencia.

- Se llama *perlita* cuando el almíbar comienza a hervir a borbotones, formando una especie de perlas. Si hacemos la prueba de los dedos, la hebra ofrece más resistencia.

- Gran perla es el punto que, tras la ebullición, hace que el almíbar sea más fuerte y la hebra no se rompa por mucho que abramos los dedos.

- Bola blanda es el punto del almíbar que al realizar la prueba con la gota entre los dedos y sumergir estos de nuevo en agua fría, con una ligera fricción, se forma una bolita blanda.

Arroz
con leche

Arroz
Leche
Piel de limón
Canela en rama
Azúcar
Sal

- Cocer el arroz en agua con sal como siempre (doble cantidad de agua que de arroz) y, nada más comience a hervir el agua, echar el arroz y cocerlo 20 min.

- Hervir en otra cazuela aparte la leche con la piel de ½ limón y un palito de canela. Una vez hecho el arroz, incorporar la leche con la piel de limón, la canela y el azúcar (para 100 g —3,5 oz— de arroz, 50 g —1,8 oz— de azúcar). Darle la vuelta con una cuchara de madera y mantener la cocción 5 o 10 min, vigilando que el arroz no quede seco. Volcar sobre una fuente y espolvorear con canela molida y azúcar por encima.

- **Variante:** cuando está tibio el arroz, agregarle 2 yemas de huevo y mezclar el conjunto con un tenedor.

También se le puede poner solo azúcar y tostarlo con una pala calentada a fuego muy fuerte.

Bizcocho

- Encender el horno. Conectar solo la resistencia inferior a la máxima potencia.
- Batir los huevos solos, añadirles después el azúcar y seguir batiendo hasta formar una pasta espesa. Incorporar luego la harina y echarla en un molde previamente untado de mantequilla. Llevar al horno, rebajar la temperatura a media-baja y dejar, aproximadamente, 45 min. No abrir el horno hasta finalizar este tiempo, pues de lo contrario el bizcocho bajaría y se estropearía.
- Desmoldar nada más retirar del horno. Pasar a una fuente.

12 huevos
14 cs de azúcar
14 cs de harina
Mantequilla para untar el molde

Bizcocho
de chocolate

200 g (7 oz) de mantequilla
200 g (7 oz) de azúcar
75 g (2,6 oz) de chocolate puro
2 huevos
1 ct de levadura
125 g (4,4 oz) de harina

- Untar un molde en forma de corona con mantequilla. Espolvorear ligeramente con harina y reservar.
- Precalentar luego un cuenco, derretir la mantequilla en él con el azúcar y batir hasta espumar. Derretir también el chocolate al baño María, incorporar la mantequilla, 2 yemas de huevo, la harina con la levadura y, por último, 2 claras a punto de nieve, removiendo despacio con la espátula.
- Verter en el molde y hornear a intensidad moderada y, una vez cocido y frío, naparlo con glaseado de chocolate.

Bizcocho
dos colores

¼ kg (9 oz) de harina, aprox.
¼ kg (9 oz) de azúcar
100 g (3,5 oz) de mantequilla
3 huevos
2 cs de cacao
½ vaso de leche
1 sobre de levadura en polvo

- Untar un molde en forma de corona con mantequilla y darle un espolvoreo de harina.

- Batir bien las yemas en un cacharro hondo y unirlas al azúcar hasta obtener una masa. Cortar la mantequilla sobrante en trocitos e incorporársela a la masa. Trabajar el conjunto a fondo con una cuchara de madera. Mezclar la harina con la levadura. Añadírsela a la masa anterior a los 5 min y verter luego, poco a poco, la leche.

- Batir las claras a punto de nieve y aportarlas a la masa, removiendo de abajo arriba, con cuidado de que no se bajen.

- Dividir la masa a continuación en dos partes y mezclar una de ellas con el cacao.

- A la hora de llenar el molde, derramar primero la masa amarilla. Igualarla luego con una espátula. Completar con la pasta de cacao enrasando del mismo modo con la espátula.

- Hornear el bizcocho hasta que se dore. Desmoldar sobre una bandeja.

Una bola de helado para darle un toque especial.

Bizcocho
económico

5 huevos
1 ½ tazas de azúcar
1 taza de aceite
4 tazas de harina
1 taza de leche
1 ct de levadura
Ralladuras de 1 limón

- Batir las yemas con el azúcar y la ralladura de limón en un recipiente. Verter la leche y el aceite poco a poco. Mezclar la harina con la levadura y, como colofón, incorporar las claras batidas a punto de nieve.

- Hecha la pasta fina, volcarla sobre un molde alargado, bien engrasado, y hacer a horno flojo durante 1 h.

Bolas
de almendra

6 yemas de huevo
¼ kg (9 oz) de almendra molida
¼ kg (9 oz) de azúcar
Azúcar
Canela

- Batir las yemas con el azúcar. Incorporar la almendra y dejar al fuego hasta que la pasta endurezca. Revolverse bien.
- Formar bolas. Mezclar azúcar glas y canela. Rebozarlas en la mezcla.

Brazo
de gitano

Para la crema:
½ l (17 fl oz) de leche
4 huevos
3 cs de azúcar
2 cs de harina
Piel de limón

Para el bizcocho:
4 yemas
6 claras
70 g (2,4 oz) de harina
125 g (4,4 oz) de azúcar
Ralladuras de limón

- **Para la crema:** reservar un poco de leche fría y el resto ponerla a hervir con la piel de limón. Batir 2 huevos enteros y 2 yemas, agregar el azúcar y ligar todo bien. Echar la harina desleída en la leche que hemos reservado. Al hervir la leche, volcar sobre el preparado de huevos y acercar al fuego. Dejar que hierva 5 min y, acto seguido, esperar a que se enfríe.

- **Para el bizcocho:** batir las 4 yemas con el azúcar y, cuando esté cremoso, añadirle las ralladuras de limón y la harina. Revolver bien.

- Batir a punto de nieve las 4 claras más las 2 que hemos dejado de la crema. Nada más que esté, incorporar a los huevos con una espátula y revolver despacio de abajo arriba para que no se bajen las claras.

- Verter sobre un molde bajo y rectangular bien untado con mantequilla y llevar a horno moderado aproximadamente 10 min.

- Cuando está dorado por abajo (se nota en los bordes), desmoldar sobre una servilleta húmeda, enrollar para evitar que luego se rompa y, una vez desenrollado, cubrir con la crema. Enrollar de nuevo y espolvorear con azúcar. Para lograr una mejor presentación, cortarle un poco los extremos.

Si se tienen dificultades para elaborar el bizcocho, en las pastelerías suelen tener planchas del que se emplea para los piononos.

Canutillos
de crema

Pasta de hojaldre
Crema pastelera
Azúcar glas

- Estirar bien la pasta de hojaldre hasta que quede muy fina. Enrollar sobre unos tubitos metálicos, procurando no cerrar los extremos.

- Colocar sobre una placa de horno y hornear a temperatura media hasta que estén doraditos.

- Sacar del horno y dejar enfriar un poco. Separar los canutillos de los tubos con cuidado, rellenar con la crema pastelera, espolvorear con azúcar glas y servir aún calientes.

Cobertura
de chocolate

150 g (5 oz) de azúcar
2 cs de agua
50 g (1,8 oz) de chocolate sin leche
2 yemas
125 g (4,4 oz) de mantequilla

- Poner un cazo al fuego con el azúcar y 2 cs de agua.
- Cuando hierva a borbotones, retirar del fuego y en este almíbar, derretir el chocolate. Añadir también las yemas y, por último, la mantequilla troceada.
- Batir bien hasta conseguir una pasta fina y cubrir la tarta rápidamente, ya que se endurece al enfriar.

Crema
catalana

1 l (34 fl oz) de leche
6 yemas de huevo
200 g (7 oz) de azúcar
1 cs de azúcar avainillado
50 g (1,8 oz) de maicena
1 ramita de canela
1 piel de limón

- Hervir la leche con la piel del limón y la ramita de canela a fuego moderado, removiendo de vez en cuando para que no se pegue.
- En un recipiente hondo que pueda ir al fuego, mezclar las yemas con 150 g (5 oz) de azúcar, el azúcar avainillado y la maicena, dejando todo ello bien batido.
- Hervir la leche batiendo sin parar y derramarla luego lentamente sobre las yemas. Ponerla a fuego lento, revolviendo siempre, y, sin que llegue a hervir, retirarla del fuego una vez espese.
- Repartirla en cazuelitas individuales, dejarla enfriar y, como colofón, espolvorear con azúcar y quemar con una pala candente.

Crema helada
al dulce de leche

1 l (34 fl oz) de leche
1 ct de esencia de vainilla
4 claras y 4 yemas
3 cs de leche
condensada cocida
4 cs de azúcar
4 cs de maicena
Nueces

- Batir las claras a punto de nieve bien consistente. Hervir aparte la leche junto con la esencia de vainilla. Acompañar con unos montoncitos de clara dispuestos con una cuchara y cocer unos min. Retirar los copos de merengue de la leche y escurrirlos sobre una rejilla o colador. Colar la leche y dejar que enfríe bien.

- Diluir la leche condensada y la maicena en la leche. Batir las yemas con el azúcar y agregarles la mezcla. Poner luego a fuego muy suave hasta que hierva y espese.

- Repartir en cuencos individuales, acondicionar encima los copos de clara y decorar con medias nueces.

Conservar en la nevera antes de servirla.

Crema
pastelera

½ l (17 fl oz) de leche
3 yemas
2 cs rasas de maicena
4 cs de azúcar
1 cs de azúcar avainillado
1 ramita de canela
La piel de 1 limón
25 g (0,9 oz) de mantequilla

- Poner a hervir la leche con la ramita de canela y la piel del limón. Dejar cocer a continuación un instante.

- Batir las yemas con el azúcar y el azúcar avainillado en un cazo. Diluir la maicena en la leche. Añadir al batido esta mezcla y revolver a fondo. Derramar la leche hirviendo por encima muy lentamente. Revolver con energía sin parar y acercar al fuego hasta que espese.

- Retirar del fuego e incorporar la mantequilla.

Está especialmente indicada para toda clase de rellenos dulces.

Espuma
de chocolate al chantillí

4 huevos
1 tableta de chocolate superior,
sin leche
½ dl (1,8 fl oz) de leche
6 cs de azúcar
¼ l (9 fl oz) de nata

- Batir las yemas unos 5 min, añadir 3 cs de azúcar y batir hasta conseguir una crema igualada. Cortar el chocolate en trocitos, derretir al baño María y acompañar las yemas batidas.

- Montar las claras a punto de nieve fuerte e incorporar 3 cs de azúcar. Unir las dos mezclas sin batirlas, despacio, revolviendo con una espátula de abajo arriba.

- Llenar unas copas con la espuma, realzar con nata montada por encima y dejar en la nevera hasta el momento de servir.

Flan
casero

4 huevos
5 cs de azúcar
1½ l (17 fl oz) de leche
La ralladura de ½ limón

Para el caramelo de la flanera:
3 cs de azúcar
2 cs de agua

- Echar el azúcar y el agua en la flanera. Poner a fuego vivo y, cuando empiece a dorarse (entre 4 y 6 min), extender por el molde y dejar enfriar bien.

- Calentar el horno a fuego medio. Poner los huevos en un bol y batir enérgicamente hasta que estén espumosos; añadir entonces la ralladura de limón.

- Aparte, en un cazo, echar la leche con el azúcar; cuando empiece a hervir, verter poco a poco, en el bol de los huevos, sin dejar de remover. Bien mezclado todo, verter en el molde caramelizado. Poner al baño María dentro de otro recipiente con agua caliente que llegue hasta el nivel de la crema.

- Introducir en el horno con calor moderado durante 40 min, aproximadamente, hasta que esté bien firme.

- Dejar enfriar dentro del agua y desmoldar pasando un cuchillo alrededor de la flanera.

Al principio, tapar la flanera; después, cuando el flan esté casi cuajado, retirar la tapa. Comprobar el punto de cocción pinchándolo con una aguja, que deberá salir seca.

Helado
de avellanas

- Separar las yemas de las claras. Batir las yemas con 6 cs de azúcar, hasta obtener una pasta espesa, y añadir las avellanas picadas. Montar la nata e incorporar las yemas.

- Montar las claras a punto de nieve fuerte, agregar 6 cs de azúcar y mezclar todo con una espátula, de abajo arriba para que no bajen. Untar un molde con mantequilla. Volcar la mezcla en ese molde y pasar por el congelador 3 h aproximadamente.

- Para desmoldar, sumergir el molde en agua templada y desmoldar el helado en el momento que se desprenda.

6 huevos
1 vasito de nata líquida
12 cs de azúcar
Avellanas

Helado
de chocolate

6 huevos
1 vasito de nata líquida
12 cs de azúcar
1 tableta de chocolate sin leche

- Separar las yemas de las claras. Batir las yemas con 6 cs de azúcar, hasta que queden bien espesas, y ligar con el chocolate derretido.
- Montar la nata y añadirla a las yemas. Batir las claras a punto de nieve fuerte y endulzar con el resto del azúcar. Mezclar todo despacio, de abajo arriba, y verter sobre un molde untado con mantequilla. Dejar en el congelador 3 h o más, según sea necesario.

Helado
de crema tostada

1 bote de leche evaporada
2 yemas
6 cs de azúcar

- Llevar la mitad del bote de leche evaporada al congelador y dejarlo aproximadamente 1 h, para que al batirlo se haga mejor.
- Hacer unas natillas con la otra mitad de la leche, más las yemas y 2 cs de azúcar. Ponerlas al baño María, para evitar que se corten, y retirarlas del calor cuando espesen sin que lleguen a hervir.
- Preparar un caramelo con el resto del azúcar, tostadito pero sin que se queme, e incorporarlo a las natillas, revolviendo fuerte.
- Una vez fría la mezcla, batir la leche del congelador con energía y mezclarla con las natillas.
- Verter el helado en un molde apropiado y pasarlo al congelador.

Helado
delicioso

Helado de vainilla
Crema de leche irlandesa

- Poner 1 o 2 bolas de helado de vainilla en una copa ancha y regarlo con un chorro de crema de leche irlandesa.
- Degustar muy frío nada más servir, para evitar que se derrita.

Jalea
de membrillo

1 l (34 fl oz) del agua
de cocer los membrillos
800 g (28 oz) de azúcar
Las pieles y los centros de los
membrillos

- Poner el azúcar en el agua de cocer los membrillos y arrimar al fuego el recipiente. Echar las pieles y los centros de los membrillos y cocer hasta que, al levantar con la espumadera, el líquido caiga lentamente en forma de gotas alargadas. En este punto, la jalea habrá adquirido un bonito tono oscuro.

- Poner un colador sobre un cuenco de cristal refractario, cubrirlo con una gasa y hacer pasar por él la jalea. Recoger la gasa por las cuatro puntas y mantenerla en alto sobre el cuenco hasta que haya dejado de escurrir.

- Dejarla enfriar durante 1 día, desmoldada o bien en el cuenco.

La jalea es una preparación de aprovechamiento. Con la pulpa de los membrillos, se prepara el dulce de membrillo y, para hacer la jalea, se utilizan las pieles, los corazones y el agua de cocerlos.

Jarabe

1 bizcocho
de naranjas o limones
120 g (4,2 oz) de azúcar
1 naranja o limón, según de lo
que sea el postre

- Exprimir la naranja o el limón, rallar la piel y mezclar ambas cosas junto con el azúcar. Remojar con un chorro de agua y cocer lentamente unos 10 o 15 min (si queda demasiado espeso, añadirle un poco más de zumo).

- Desmoldar el bizcocho, pinchar con un tenedor y endulzar con el almíbar por encima.

Leche
frita

½ l (17 fl oz) de leche
6 cs de maicena
7 cs de azúcar
1 rama de canela
1 corteza de limón
4 huevos
Harina para rebozar
Canela en polvo
Azúcar tamizada
Aceite

- Reservar de la leche el equivalente a una taza pequeña. En un cazo, poner a hervir la leche que no hemos reservado, con la corteza de limón y la rama de canela, durante 10 min.

- Retirar la rama de canela y la corteza de limón, añadir el azúcar y remover bien.

- En la leche reservada, diluir la maicena y mezclarla con el resto de la leche. Dejar cocer a fuego lento, removiendo constantemente.

- Retirar del fuego, añadir 3 yemas de huevo, mezclar bien y extender la pasta obtenida en una fuente. Dejar enfriar.

- Una vez fría, cortar en cuadraditos, rebozar estos cuadraditos en harina y huevo batido, y freír en abundante aceite caliente.

- Cuando estén fríos, espolvorearlos con canela y azúcar tamizada.

Macedonia
de frutas con merengue

¼ kg (9 oz) de cerezas
¼ kg (9 oz) de plátanos
¼ kg (9 oz) de albaricoques
½ kg (17 oz) de melocotones
¼ kg (9 oz) de peras
¼ kg (9 oz) de fresas
200 g (7 oz) de azúcar
2 dl (6,7 fl oz) de vino blanco

- Disolver el azúcar en un chorro de agua. Pelar aparte las frutas que lo requieran y picarlas en cuadraditos. Eliminar los huesos a las cerezas.

- Mezclar todo en un cuenco hondo de cristal y rociar con el azúcar y el vino. Dejar en maceración 2 h y conservar en la nevera para que al momento del servicio la macedonia esté muy fría.

- Poco antes de consumirla, montar las claras a punto de nieve, azucararlas (1 cs de azúcar por cada clara) y llenar con ellas una manga pastelera de boquilla rizada haciendo cenefas sobre la macedonia.

Magdalenas

1 tacita de nata
1 tacita de aceite frito
2 huevos
1 copa de anís
160 g (5,6 oz) de azúcar
150 g (5 oz) de harina
1 cs de levadura en polvo

- Mezclar y ligar bien todos los ingredientes con la batidora e ir poniendo montoncitos del batido en moldes de papel.
- Pasar por el horno precalentado a temperatura alta y, luego, moderar la intensidad. Apartarlas del fuego una vez doradas.

Manzanas
al vino

6 manzanas
½ l (17 fl oz) de vino blanco
Crema pastelera
Caramelo líquido

- Descorazonar las manzanas y cocerlas en vino blanco. Mientras tanto, hacer una crema pastelera espesita.
- Recién hechas, dejar que enfríen y rellenar el hueco de las pepitas con crema pastelera. Servirlas frías bañadas con caramelo líquido.

Manzanas
asadas

4 manzanas reineta
100 g (3,5 oz) de azúcar
mantequilla

- Descorazonar las manzanas y depositarlas en una bandeja en la que hemos puesto un poco de agua. Rellenar el hueco de azúcar y colocar encima del azúcar un trocito de mantequilla. Hornear a 180°C (356°F) durante 15-20 minutos, en función del tamaño de la fruta.

- Dejar que se enfríen antes de servir.

Manzanas
con nata

1 kg (2,2 lb) de manzanas reineta
Mantequilla
1 vaso de nata líquida
100 g (3,5 oz) de almendras
laminadas
2 cs de azúcar

- Descorazonar las manzanas, rellenar el agujero con un montoncito de mantequilla y llevarlas al horno. Casi hechas, pasar a una fuente refractaria.

- Unir la nata con el azúcar, volcar sobre las manzanas y espolvorear con almendras laminadas.

- Pasar de nuevo por el horno a tostar.

Todo un estallido de sabores que proporcionan la textura del melocotón y el contraste frío-calor del helado y la salsa de chocolate.

Melocotones
con helado

8 bolas de helado de vainilla
8 medios melocotones
en almíbar
Salsa de chocolate

Para la salsa de chocolate:
2 dl (68 fl oz) de agua
150 g (5 oz) de chocolate
sin leche
1 ct de azúcar avainillado
1 ct de mantequilla
3 cs de nata líquida

• Depositar 1 bola de helado sobre cada medio melocotón. Regar con salsa de chocolate.

• **Para la salsa de chocolate:** calentar agua en un cazo y derretir en ella el chocolate sin leche cortado en trocitos. Retirar del fuego y aportar el azúcar avainillado, la mantequilla y la nata líquida. Arrimar de nuevo al fuego y cocer 1 min sin parar de remover.

Melón
afrutado

1 melón grande o 2 pequeños
100 g (3,5 oz) de pasas
sin semillas
50 g (1,8 oz) de nueces picadas
gruesas
50 g (1,8 oz) de frutas confitadas
1 ½ tazas de uvas negras
6 cs de azúcar
1 copa de coñac
El zumo de 1 naranja
1 cs de zumo de limón
Nata montada
Cerezas confitadas

- Macerar las pasas en zumo de naranja y limón durante 1 h, escurrirlas y acondicionarlas en un bol. Añadir las nueces, las frutas confitadas cortadas en trozos grandes y las uvas frescas limpias y sin semillas. Regar el conjunto con el coñac para potenciar su sabor.

- Retirar parte de la tapa al melón y extraer la pulpa procurando no dañar la cáscara. Eliminar las semillas y los filamentos, cortar la pulpa en daditos e incorporarlos a la mezcla anterior. Bañar con el zumo de naranja de la maceración y endulzar con el azúcar.

- Rellenar el melón con todo ello, colocarlo en un recipiente adecuado y mantenerlo un mínimo de 2 h en la nevera.

- Acompañar con la nata montada y unas cerezas confitadas.

Melón
con queso

1 melón grande maduro
200 g (7 oz) de queso de bola
200 g (7 oz) de jamón cocido
1 copa de jerez
100 g (3,5 oz) de queso cremoso
2 cs de nata
Sal
Pimienta
1 pizca de azúcar

- Lavar muy bien el melón y cortarle en la cáscara una tapa no muy grande.

- Retirar la pulpa con cuidado, hasta vaciar perfectamente su contenido, y hacer con ella unas bolitas o cortarla en dados pequeños. Cortar el jamón en dados. Poner la pulpa en un recipiente e incorporar el queso de bola, el jamón, el jerez, el queso cremoso y la nata.

- Salpimentar, unir todo bien y rellenar con ello el melón.

- Presentarlo frío, dispuesto sobre una bandeja con hielo picado.

Merengues

- Reservar 1 cs escasa de azúcar. Preparar un almíbar con el resto del azúcar y muy poca agua (estará listo cuando las gotas de almíbar caigan derechas sobre el fondo de un vaso).

- Apartar el almíbar del fuego y batir las claras a punto de nieve bien consistente. Añadir el azúcar reservado a las claras. Poner de nuevo el almíbar al fuego, dejar que hierva y agregar a las claras, vertiéndolas en hilo fino y batiéndolas con brío. Añadir 1 cs de azúcar glas pasada por un tamiz y dejar el preparado en reposo al fresco unos 10 min.

- Al echar el almíbar, tener cuidado de que caiga directamente sobre las claras, nunca sobre las varillas del batidor (muy importante este detalle).

- Dejar reposar el merengue 10 min. Remojar luego la tabla de cocer merengues (de roble o nogal) con agua fría, tapizarla con papel de barba y colocar los merengues en montoncitos. Espolvorear de azúcar glas y hornear templado (en caso necesario, dejar un poco abierta la puerta del horno para mantener la temperatura y que se hagan lentamente).

- Estos merengues quedan tersos y secos. Pueden juntarse de dos en dos por la parte de abajo o colocarlos en canastillos de papel rizado.

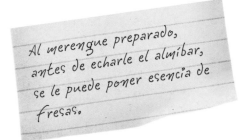

Al merengue preparado, antes de echarle el almíbar, se le puede poner esencia de fresas.

200 g (7 oz) de azúcar
3 claras de huevo
2 cs colmadas de azúcar glas
Muy poca agua

Mousse
de chocolate

175 g (6,2 oz) de chocolate
fondant o blanco
2 cs de café negro
4 huevos
1 cs de *brandy*
Nata montada para el adorno
Virutas de chocolate

- Poner el chocolate con el café a fundir en un bol al baño María. Retirar y dejar enfriar de 1 a 2 min. Batir las yemas e incorporarlas en forma de hilo a la mezcla de chocolate y café. Añadir el *brandy*.

- Montar las claras a punto de nieve y mezclarlas con mucho cuidado con el chocolate, removiendo de abajo arriba con una espátula para que no bajen.

- Acondicionar la *mousse* en el cuenco donde se va a servir y dejar en la nevera varias horas (mejor de una día para otro).

- Retirar de la nevera al momento del servicio y rodear con nata montada y, en el centro, unas virutas de chocolate.

Natillas

200 g (7 oz) de azúcar
1 l (34 fl oz) de leche
3 huevos
40 g (1,4 oz) de maicena
½ corteza de limón
1 rama de canela
4 ct de canela en polvo

- Cocer la leche, 100 g (3,5 oz) de azúcar, la corteza de limón y la canela en rama. Mezclar 100 g (3,5 oz) de azúcar con las yemas del huevo y la maicena.

- Dejar que hierva la leche durante 1 min, sin dejar de remover. Permitir que hierva brevemente hasta templar la canela y el limón dentro de la leche y retirar la cazuela del fuego.

- A continuación, sacar la rama de canela y la cáscara de limón y añadir la mezcla de las yemas de huevo, azúcar y maicena a la leche templada. Remover y mezclar bien.

- Rápidamente, poner a hervir la cazuela, dando vueltas para evitar que se pegue. Dejar que espese en el fuego. Batir para que quede homogénea.

- Verter en moldes individuales y dejar enfriar en el frigorífico tapados con papel *film*.

- En el momento de servir, espolvorear con la canela en polvo.

Orejas

750 g (1 lb 11 oz) de harina
de trigo
6 /8 huevos
1 pocillo de mantequilla cocida
2 copas de anís
ralladura de limón
canela
azúcar

- En un bol batir muy bien los huevos, la mantequilla, un poco de azúcar, la ralladura de limón y el anís hasta que quede todo bien mezclado.

- Ir añadiendo la harina poco a poco y removiendo de continuo hasta lograr una masa un pco más blanda que la del pan. Amasar cuidadosamente con las manos y dejar reposar.

- Colocar la masa sobre una superficie enharinada e ir estirando con una botella de vidrio engrasada con aceite hasta fomar una lámina muy fina. Cortar rectángulos de una 10 x 15 cm, estirarlos y afinar un poco más.

- En una sartén puesta al fuego con abundante aceite ir friendo las orejas hasta que cojan color por todos los lados. Servir espolvoreadas de azúcar.

Pastel de merengue
y fresas

Unas claras de huevo
1 cs de azúcar por clara
Nata montada
Fresas
Avellanas

- Preparar un merengue con unas claras de huevo y tantas cucharadas de azúcar como claras. Dibujar una rueda con esta mezcla en una fuente refractaria y llevar a horno muy suave. Dejar que enfríe en el horno.

- Para servirlo, rellenar el hueco con nata montada y fresas, salpicar el merengue con unos montoncitos de nata y acomodar 1 avellana sobre cada uno.

Pastel
de piña

1 bote de piña
6 huevos
¼ kg (9 oz) de azúcar
200 g (7 oz) de harina
2 ct de levadura en polvo
La ralladura de 1 limón
Cerezas en almíbar
Brandy
1 limón

Para el almíbar:
Zumo de piña
1 cs de *brandy*
2 cs de azúcar

- Acaramelar un molde y, una vez frío el caramelo, distribuir las rodajas de piña sobre el fondo. Cubrir los huecos con unas cerezas.

- Batir las yemas con el azúcar y las ralladuras de limón, hasta ponerlas cremosas. Agregar después las claras a punto de nieve, revolviendo despacio con la espátula de abajo arriba, incorporar la harina con la levadura en polvo y revolver de nuevo de igual manera. Echar en el molde sobre las frutas y hornear 30 min a fuego medio.

- **Para el almíbar:** mezclar el jugo de piña con el *brandy* y el azúcar, formando con ello un almíbar.

- Antes de desmoldar, pincharlo por varios sitios, emborrachar el bizcocho con el almíbar y desmoldarlo, dejando un pastel muy vistoso.

Pastel
de queso fresco

200 g (7 oz) de queso fresco
3 huevos
1 vasito de nata líquida
1 vaso de leche
½ bote de leche condensada
Miel
Nueces fritas para acompañar

- Poner el queso en el vaso de la batidora y juntar con los huevos enteros, la nata, la leche y la leche condensada. Triturar todo hasta conseguir una crema homogénea.

- Engrasar un molde de flan de 20 cm (8 pulgadas) de diámetro, llenarlo con la preparación, taparlo con papel de aluminio y cocerlo en el horno aproximadamente 45 min; si se hace en olla de presión, dejarlo tan solo 12 min.

- Volcar la preparación sobre una fuente cuando esté completamente fría. Bañar con miel templada y adornar con unas nueces fritas.

Pastitas
de chocolate

100 g (3,5 oz) de bizcochos
1 cs colmada de mantequilla
50 g (1,8 oz) de chocolate
sin leche
6 almendras picadas

- Desmigar los bizcochos, amasarlos con la mantequilla y mezclar con el chocolate rallado y las almendras picadas.
- Hacer rollitos, mantener las pastitas formadas en la nevera varias horas y tomarlas como postre o como acompañamiento de cafés y tisanas.

Peras
al vino de Madeira

Peras
1 l (34 fl oz) de vino de Madeira
100 g (3,5 oz) de azúcar

- Preparar el vino de Madeira y mezclar con el azúcar.
- Pelar las peras.
- Cocer las peras en el vino de Madeira con el azúcar.

Perrunillas

400 g (14 oz) de manteca
de cerdo
400 g de azúcar
1 poquito de canela
2 yemas y 1 huevo entero

- Batir bien la manteca con el azúcar y, cuando esté espumosa, incorporar las yemas y el huevo entero. Revolver e ir añadiendo la harina poco a poco, hasta conseguir una masa que no se pegue a las manos; amasar bien.
- Ir pellizcando porciones de la masa y formar bolas o hacer de forma alargada, como una croqueta. Barnizar con clara batida y espolvorear con azúcar. Dejar a horno fuerte hasta que se doren.

Pestiños

400 g (14 oz) de harina
1 taza de aceite caliente
Unos granos de anís
2 tazas de vino blanco
½ kg (17 oz) de miel
Aceite

- Mezclar la harina en un bol con el aceite caliente, el vino blanco también caliente y unos granos de anís. Volcar sobre la mesa de trabajo previamente enharinada y formar una masa que no se pegue a las manos. Estirar bien con el rodillo hasta dejar la pasta muy fina.

- Cortar a continuación en tiras de 5 cm (1,97 pulgadas) de largo por 3 cm (1,18 pulgadas) de ancho y freírlas en abundante aceite; o enrollarlas en un dedo enharinado y dejarlas caer en la sartén; o hacer de forma ovalada.

- De cualquier modo, freírlas en abundante aceite y ponerlas a escurrir.

- Hervir ¼ kg (9 oz) de miel en un chorro de agua, ir sumergiendo en ella los pestiños y colocarlos así preparados en una fuente de cristal.

Polvorones

125 g (4,4 oz) de manteca
de cerdo
¼ kg (9 oz) de harina
125 g (4,4 oz) de azúcar

- Tostar la harina antes de utilizarla. Mezclar la manteca de cerdo y el azúcar y trabajar la mezcla. Añadirle la harina tostada más tarde.
- Formar bolitas con la masa y aplanarlas. En vez de llevarlos al horno, envolverlos en papel de seda.

Postre
de castañas y nata

Castañas
Nata montada

- Quitar la piel a las castañas. Escaldarlas y quitarles también la piel fina. Cocer en agua con un poquito de sal. Una vez cocidas, hacer un puré.
- Colocar una taza bocabajo en el centro de una fuente. Disponer el puré alrededor de la taza. Retirarla y rellenar el hueco con la nata montada.

Rosca

300 g (10,6 oz) de harina
160 g (5,6 oz) de azúcar
1 sobre de levadura
2 huevos
1 vaso de leche (de los de vino)
½ copita de licor
Ralladuras de limón
100 g (3,5 oz) de mantequilla
Un pellizco de sal

- Untar un molde en forma de corona con mantequilla.
- Disponer la harina en un recipiente hondo, hacerle un hueco en el centro y sumarle la levadura, el azúcar, el pellizco de sal, la leche tibia con la mantequilla ablandada, los 2 huevos batidos, el licor y las ralladuras de limón.
- Revolver enérgicamente con una cuchara de madera o una espátula, hasta conseguir una pasta fina. Verter en el molde y hornear sobre 30 min. Desmoldar y poner a enfriar sobre rejilla. Presentar dándole un espolvoreo de azúcar glas con un colador de tela metálica.

Roscón

½ kg (17 oz) de harina
150 g (5 oz) de azúcar
1 sobre de levadura
2 huevos
1 vasito de leche
1 copita de licor
1 limón
100 g (3,5 oz) de mantequilla

- Con la mantequilla, untar un molde con forma de corona o, en caso de no tenerlo, poner un vaso de aluminio u otro material refractario sobre la fuente de horno y untarlo también de la misma manera.

- Verter la harina en un bol, o sobre la mesa; hacer un hueco en el centro y rellenar con mantequilla cortada en trocitos y blanda, levadura, huevos batidos, licor, unas ralladuras de limón y leche tibia. Amasar lo imprescindible, solo al mezclar los ingredientes.

- Hacer luego una especie de rodillo con la masa y poner en el molde o alrededor del vaso sobre la placa de hornear, según la modalidad elegida, y llevar al horno hasta que, al pinchar con una aguja de hacer punto, esta salga limpia.

- Tras desmoldar, se deja enfriar sobre rejilla y, por último, se espolvorea con azúcar glas.

Roscón
de Reyes

½ kg (17 oz) de harina
2 huevos
75 g (2,6 oz) de azúcar
1 ct de agua de azahar
La ralladura de 1 limón
110 g (4 oz) de mantequilla
¼ l (9 fl oz) de leche
20 g (0,7 oz) de levadura
prensada
5 g (0,17 oz) de sal

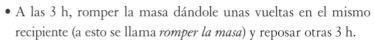

- Hacer un bola de masa blanda con 100 g (3,5 oz) de harina, 3 cs de leche templada y la levadura. Dejarla reposar en un lugar templado.

- Formar con el resto de harina un montón en un recipiente, hacer un hueco en el centro y echar en él los huevos, el azúcar, el resto de la leche, el agua de azahar y las ralladuras de limón. Mezclar todo bien y formar una masa muy trabajada hasta ponerla fina y correosa.

- Extender la masa con las manos, colocar en el centro la mantequilla y amasarla hasta que quede incorporada. Extender la masa de nuevo, colocar la masa levadura en el centro y repetir la operación de amasar hasta ligar bien ambas masas. Colocar en un recipiente hondo y grande, espolvorear con harina, tapar con un paño y dejar en un lugar templado.

- A las 3 h, romper la masa dándole unas vueltas en el mismo recipiente (a esto se llama *romper la masa*) y reposar otras 3 h.

- Volcar la masa sobre una superficie enharinada, hacer dos partes y formar una bola con cada trozo. Colocarlas en una placa de hornear engrasada (una placa para cada una), aplastarlas y darles forma de torta.

- Hacer un hueco en el centro, formar una rosca y adornar con tiras de frutas confitadas. Dejar levar un poco más.

- Pintar con huevo batido, espolvorear con abundante azúcar y cocer a horno moderado hasta que se dore (20 min aproximadamente).

También le va muy bien ponerle el azúcar y un poco de mantequilla antes de cocer y, después, azúcar en abundancia.
Darle vistosidad con frutas confitadas, almendras, guindas, bombones o aquello que más guste o agrade.

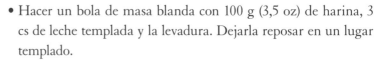

Rosquillas

200 g (7 oz) de mantequilla
800 g (28 oz) de harina
360 g (12,8 oz) de azúcar
2 yemas

- Batir la mantequilla con el azúcar, hasta que esté cremosa, y agregar una yema bien batida y la harina. Amasar hasta formar una masa fina.

- Estirar, cortar en tiras y formar rosquillas medianas. Pintarlas por encima con la otra yema, colocar sobre una placa de horno y dejarlas a horno moderado hasta que se doren.

Salsa
de chocolate

150 g (5 oz) de chocolate
sin leche
2 dl (68 fl oz) de agua
1 ct colmada de mantequilla
1 ct de azúcar vainillado
3 cs soperas de nata líquida

- Cortar el chocolate en trocitos. Poner en un cazo agua al fuego y fundir en ella el chocolate. Apartar del calor y agregar la vainilla, la mantequilla y la nata. Acercar de nuevo al fuego y tener así 1 min sin dejar de remover.

Salsa
de fresas

100 g (3,5 oz) de fresas
100 g (3,5 oz) de azúcar
1 dl (34 fl oz) de agua
Cáscara de limón
1 ct de harina de maíz
Carmín vegetal

- Mezclar las fresas, el azúcar, un trozo de cáscara de limón y el agua en un cazo. Poner al fuego y dejar hervir 10 min.
- Pasados estos, añadir la harina de maíz disuelta en 2 cs de agua, cocer 1 min y retirar.
- Pasar por el colador chino, oprimiendo bien para que pase la fresa. Darle color con 2 gotas de carmín vegetal.

Magnífico complemento para un arroz con leche, bizcocho, etc.

Salsa
de piña

El jugo de 1 lata de piña
1 cs de azúcar
1 huevo
1 cs de maicena
1 ct colmada de mantequilla

- Triturar todos los ingredientes en la batidora.
- Poner un cazo al fuego y volcar la mezcla en él.
- Cocer durante 5 min sin dejar de revolver.

Suflé
de naranja o limón

1 envase de gelatina
de naranja o limón
1 vaso de zumo de naranja
El zumo de 1 limón
3 huevos

- Añadir 1 vaso de zumo de naranja con el zumo de 1 limón a la gelatina.
- Incorporar las yemas y las claras a punto de nieve y ponerlas a enfriar en la nevera durante varias horas, hasta que cuajen.

Se lleva a los comensales servido en las cáscaras de la fruta.

Tarta
de almendras

¼ kg (9 oz) de azúcar
¼ kg (9 oz) de almendras
125 g (4,4 oz) de harina
25 g (0,9 oz) de mantequilla
6 huevos
1 cs de coñac

- Untar un molde ancho y bajo con mantequilla.
- Escaldar las almendras durante 2 o 3 min. Retirarles la piel y secarlas a la entrada del horno. Ya secas, rallarlas con el rallador o con la picadora.
- Batir los huevos con el azúcar hasta ponerlos cremosos. Mezclar la almendra, la harina y 1 cs de coñac. Añadir la masa resultante a los huevos y el azúcar. Mezclar todo bien y verter en el molde. Dejarlas entre 25 y 30 min a horno moderado.

Tarta
de chocolate

125 g (4,4 oz) de margarina
125 g (4,4 oz) de azúcar
2 huevos grandes
1 cs de leche
125 g (4,4 oz) de harina
1 cs de cacao
1 ct de levadura

Para la cobertura:
150 g (5 oz) de azúcar
50 g (1,8 oz) de chocolate
sin leche
2 yemas
125 g 125 g (4,4 oz) de
mantequilla
Agua

- Juntar todos los ingredientes y batirlos 3 o 4 min con la batidora. Verter después sobre un molde untado de mantequilla y llevar al horno precalentado a unos 170 °C (360 °F).
- Tras elaborar el bizcocho, cortarlo por la mitad en dos discos y rellenarlo con nata.
- **Para la cobertura:** calentar el azúcar con 2 cs de agua en un cazo. Retirar del fuego una vez hierva a borbotones y derretir el chocolate sin leche en este almíbar, añadir luego las yemas y, por último, la mantequilla cortada en trocitos. Batir hasta poner la pasta fina y cubrir el bizcocho deprisa antes de que endurezca al enfriarse.
- Darle un toque de nata y mantener en la nevera.

Tarta
de flan

6 huevos
6 cs de azúcar
6 cs de harina
Las ralladuras de un limón
½ l (17 fl oz) de leche
1 sobre de flan
90 g (3,2 oz) de almendras
fileteadas

En lugar del flan, puede hacerse una crema pastelera o unas natillas.

- Batir los huevos con el azúcar y las ralladuras de limón en la batidora.
- Cuando se vea la masa muy cremosa, derramar la harina sobre la preparación, realizando movimientos envolventes en forma de lluvia.
- Una vez hecha la mezcla, verterla sobre un molde de 20 cm (8 pulgadas) de diámetro y 5 cm (1,97 pulgadas) de altura, enharinarlo y hacer a horno medio durante 30 min.
- Mientras cuece el bizcocho, hervir la leche y mezclar con el sobre de flan.
- Al retirar el bizcocho del horno, pincharlo repetidamente con una aguja de hacer punto para que se impregne bien al bañarlo con el flan (ha de hacerse en caliente). Dejar que se empape y volcarlo sobre una fuente.
- Decorar con las almendras fileteadas y espolvorear con azúcar glas.

Tarta
de fresas

1 envase de gelatina de fresa
½ kg (17 oz) de fresas
Nata montada

- Preparar la gelatina según las instrucciones del envase y dejar que enfríe.
- Mientras tanto, cortar las fresas por la mitad y longitudinalmente. Reservar algunas para el adorno y las otras, mezclarlas con la gelatina.
- Verter la preparación sobre un molde en forma de corona y reservarlo (hacerlo mejor de un día para otro).
- Desmoldarlo una vez haya enfriado, rellenar el hueco con la nata montada y acicalar la corona con las fresas reservadas.

Tarta de galletas
dos cremas

Galletas cuadradas
o rectangulares
Crema pastelera
Crema de chocolate
Leche
Coñac
Almendras

- Verter leche fría con 5 cs de coñac en un plato sopero y mojar allí las galletas. Una vez se tiene cubierta, cubrir con una capa de crema pastelera, otra capa de galletas remojadas, más de crema de chocolate, otra más de galletas, otra de crema pastelera y así hasta terminar, dejando como última capa una de crema de chocolate.
- Repartir por encima almendra tostada y picada, espolvorear con azúcar glas y llevar al frío de la nevera hasta la hora de su degustación.

Tarta
de limón

Un fondo de pasta
quebrada dulce
2 cs de maicena
5 cs de azúcar
El zumo de 2 limones
3 huevos
2 dl de agua
1 cs de ralladuras de limón
1 cs colmada de mantequilla
Azúcar glas

• Mezclar las yemas con el azúcar. Diluir la maicena en el agua, agregar el zumo de los limones y unirlo a las yemas y el azúcar. Arrimar al fuego y revolver sin parar. Una vez espese y esté próxima a hervir, acompañar con las ralladuras de limón y la mantequilla.

• Revolver rápido hasta que ligue bien, retirar del fuego con el primer hervor y verter sobre el fondo de pasta quebrada. Forrar un molde poniendo esta pasta lo más finamente posible, tapar con papel de aluminio y llenar con habas o garbanzos para que no se deforme. Recién dorada, retirar del horno, quitarle los garbanzos y el papel de aluminio y esperar a que enfríe dispuesta en la fuente donde se va a presentar la tarta.

• Montar mientras las claras a punto de nieve, endulzar con el azúcar glas y extender esta crema sobre la pasta ya fría. Dorar todo al grill a temperatura suave y, nada más enfríe, espolvorear el pastel de azúcar glas con un colador fino.

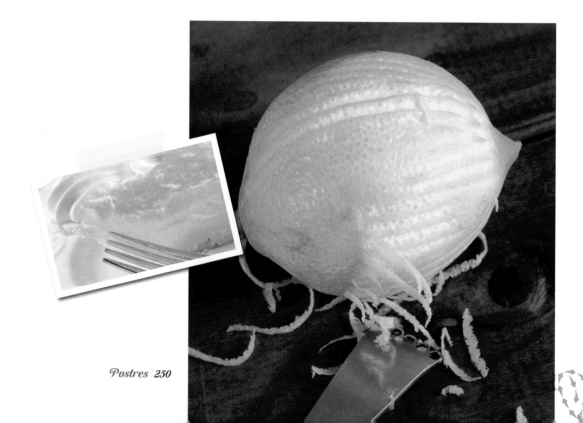

Tarta
de manzana

Manzanas reineta
Crema pastelera
½ kg (17 oz) de harina
300 g (10,6 oz) de mantequilla
4 yemas
2 ct de levadura
160 g (5,6 oz) de azúcar
Un pellizco de sal
Mermelada de melocotones

Queda más bonita si en vez de mermelada le hacemos un glaseado para tartas.

- Elaborar una crema pastelera y reservar.

- Preparar seguidamente la pasta para forrar el molde y optar por uno desmontable.

- Mezclar la harina y la levadura. Batir aparte la mantequilla con el azúcar y, una vez bien cremosa, añadir las yemas e ir echando la harina hasta incorporar todo. Estirar la pasta y cubrir el molde untado ligeramente de mantequilla, procurando que quede fina para que luego la tarta no resulte con demasiada masa.

- Pelar y descorazonar las manzanas. Cortarlas en gajos. Distribuir por encima la crema pastelera y, sobre ella, colocar los gajos. Cocer luego en el horno.

- Ya cocida, retirar del horno y verter por la superficie la mermelada de melocotón o albaricoque.

Tarta
de melocotón

Para el bizcocho:
4 huevos
125 g (4,4 oz) de harina
125 g (4,4 oz) de azúcar
50 g (1,8 oz) de mantequilla

Para la guarnición:
200 g (7 oz) de almendras
8 melocotones en almíbar

- **Para el bizcocho:** mezclar los huevos con el azúcar. Batirlos hasta que se vean cremosos y agregar la harina y la mantequilla derretida. Batir despacio y volcar sobre un molde previamente untado con mantequilla. Hornear a fuego moderado durante 30 min, desmoldar y dejar que enfríe.

- **Para la guarnición:** picar primero las almendras levemente. Cortar aparte los melocotones en 6 u 8 gajos, colocarlos en la parte superior de la tarta con las puntas para arriba y untar la parte del bizcocho que queda sin cubrir con mantequilla. Distribuir las almendras sobre la tarta y espolvorear con azúcar por encima de las almendras.

Tarta de mermelada
con nata y fresas

125 g (4,4 oz) de azúcar
125 g (4,4 oz) de harina
4 huevos
15 g (0,5 oz) de mantequilla
1 cs de *kirsch*
200 g (7 oz) de fresas pequeñas
¼ l (9 fl oz) de nata
1 tarro de mermelada
de albaricoque
2 ct de levadura
50 g (1,8 oz) de azúcar glas

- Elaborar el bizcocho batiendo las yemas con el azúcar y, una vez lograda una pasta espumosa, añadir el *kirsch*. Batir un poco más y acompañar la harina con la levadura y, en último lugar, también las claras a punto de nieve.

- Verter en un molde untado con mantequilla y cocer a horno moderado durante 35 o 40 min. Tras hornear, retirar del molde sobre la rejilla y dejar que enfríe.

- Montar la nata e incorporar el azúcar glas y, si gusta, también azúcar avainillado.

- Cortar el bizcocho en tres capas. Cubrir la primera con glaseado de albaricoque y ponerle por encima una capa de nata. Tapar con la segunda capa de bizcocho y repetir la operación. Luego la tercera, y a esta darle un toque de elegancia con las fresas.

Tarta
de moca

Para el bizcocho:
75 g (2,6 oz) de mantequilla
125 g (4,4 oz) de harina
125 g (4,4 oz) de azúcar
4 huevos

Para la crema de moca:
¼ kg (9 oz) de mantequilla
200 g (7 oz) de azúcar
30 g (1 oz) de café
½ dl (1,8 fl oz) de agua

- **Para el bizcocho:** batir los huevos con el azúcar en una cazuela próxima al fuego, hasta que forme punto de cinta. Añadir la harina, ligar con la espátula y, a continuación, incorporar la mantequilla derretida. Mezclar despacio y volcar luego sobre un molde de 20 cm (8 pulgadas) de diámetro untado previamente con mantequilla y espolvoreado con harina. Cocer a horno moderado durante 25 min, dejándolo hasta que se desprenda de las paredes del molde. Desmoldar sobre la rejilla y esperar a que enfríe.

- **Para la crema de moca:** poner 1 cs grande de azúcar en un cazo pequeño. Poner al fuego y dejar que se tueste. Cuando esté muy oscura, agregar el agua, dejar que rompa a hervir y echar sobre el café molido, puesto previamente en la manga, y exprimir para extraer todo el aroma del mismo.

- Acercar de nuevo al fuego, echar el resto del azúcar y, una vez derretido, separar y dejar que enfríe.

- Disponer la mantequilla en un recipiente de loza o cristal y batir con la espátula hasta formar una pomada fina. Añadir poco a poco el café ya frío y, sin dejar de batir, continuar hasta que lo haya absorbido del todo. Poner a enfriar en la nevera y preparar la tarta.

- Cortar el bizcocho en tres discos y, entre uno y otro, extender sendas capas de crema moca. Al poner el último disco, oprimir un poco con las manos para que quede bien unido. Cubrir con una capa de crema y, también, darle un poco por los costados. Espolvorear con almendras tostadas y picadas y, con la manga pastelera, hacer una filigrana rizada con la boquilla.

Tarta
dos cremas

- **Para el bizcocho:** batir las yemas con el azúcar y ligar con la harina mezclada con la levadura. Dejar luego las claras a punto de nieve dura e incorporar las yemas poco a poco para que no bajen. Volcar sobre un molde untado de mantequilla, que no sea grande, y hornear a temperatura media, aproximadamente 20 min. Retirar cuando se vea hecho y dejar enfriar. Ya en frío, abrir por la mitad.

- **Para la crema:** una vez batidos también la mantequilla con el azúcar, añadirle las yemas. Dividir por la mitad esta crema, reservando una parte y sumando a la otra el chocolate derretido en 1 cs de agua.

- **Para mojar el bizcocho:** poner a hervir un vasito de agua y la misma cantidad de azúcar. Apagar a los 5 min el fuego y acompañar la copa de coñac.

- **Para montar el pastel:** tras abrir el bizcocho en dos, bañar la parte de abajo con la mitad del almíbar y el coñac, untar por encima la crema sin chocolate y tapar con la otra mitad del bizcocho recubierta asimismo con el resto del almíbar.

- Dar una capa con la crema que lleva el chocolate al bizcocho y decorar con unas almendras picadas y azúcar glas.

Tarta
rápida

- Batir a fondo la mantequilla con el azúcar y después incorporar, batiendo mucho también, la yema del huevo y el chocolate derretido al baño María.

- Colocar un piso de galletas previamente remojadas en leche, luego una capa de crema, otra de galletas, y así hasta terminar las galletas, debiendo quedar como última capa una de crema.

- Picar las almendras, echar por encima de la tarta y espolvorear con azúcar glas.

Tartaleta
de manzana

150 g (5 oz) de galletas
½ vaso de vino de jerez
80 g (2,8 oz) de mantequilla
6 cs de leche condensada
4 manzanas
Un poco de azúcar

- Hacer una pasta con la mantequilla, las galletas y el jerez y, con ella, revestir un molde de aro desmontable.

- Rallar a continuación 2 manzanas, mezclar con la leche condensada y verter en un molde. Cortar aparte las otras 2 manzanas e ir perfilando con ellas el contorno. Espolvorear con azúcar y llevar a horno moderado hasta que se dore.

- Se espera a desmoldar en frío y, una vez fuera, consumir.

Tocinillo

¼ l (9 fl oz) de agua
½ kg (17 oz) de azúcar
12 yemas y 2 huevos enteros

- Acaramelar un molde y dejarlo enfriar. Elaborar un almíbar con el agua y el azúcar y cocerlo durante 10 min. Dejar que enfríe un poco, batir los huevos e incorporar esta mezcla al almíbar muy lentamente.

- Cocer en el molde al baño María, hasta que se vea consistente, y desmoldar una vez que se haya enfriado por completo.

Torrijas

Pan del día anterior
Leche
Piel de limón
Azúcar
Huevo
Pan rallado
Aceite
Canela

- Cortar el pan en rebanadas de 1 cm (0,4 pulgadas) de grosor. Depositarlas sobre una fuente honda. Poner a hervir la leche con una piel de limón y azúcar, y regar luego por encima del pan.
- Tras ablandar las rebanadas, rebozarlas en frío en huevo y pan rallado y freírlas hasta ponerlas doraditas.
- Echarles un poco de azúcar y canela por encima. Servir.

Las torrijas sirven para aprovechar pan del día anterior.

Torta

2 huevos
¼ kg (9 oz) de azúcar
¼ l (9 fl oz) de leche
400 g (14 oz) de harina, aprox.
1 sobre de levadura
1 pellizco de sal
100 g (3,5 oz) de mantequilla
Ralladuras de limón

- Precalentar el horno a temperatura fuerte.
- Batir muy bien los huevos e ir acompañando el azúcar, la leche, la harina con la levadura y, al final, una pizca de sal. Añadir la mantequilla derretida y las ralladuras de limón a este batido y revolver mucho hasta obtener una pasta fina. Verter a continuación sobre un molde untado previamente de mantequilla y graduar el horno a temperatura media, dejando la torta aproximadamente 30 min.

Torta de maíz

1 taza grande de harina de maíz
1 taza grande de nata
1 taza grande de azúcar
3 huevos
Ralladuras de un limón
2 ct de levadura

- Mezclar las yemas con el azúcar y batir, al tiempo que se les agrega la nata y la harina mezclada con la levadura.
- Tras mezclar todo bien, incorporar las claras a punto de nieve con las ralladuras de limón, mezclándolas despacio y de abajo arriba, con el fin de que no se bajen.
- Preparar un molde untado con mantequilla y, sobre el fondo cubierto con un papel untado también de mantequilla, volcar el preparado y hornear a fuego moderado.

Volován

Los rellenos pueden ser también de carne o de pescado, haciendo de los volovanes un delicioso entrante salado.

Pasta de hojaldre
Huevo batido
Crema pasrelera
Nata montada
Fresas
Arándanos

- Elaborar la pasta de hojaldre, estirándola tras el último reposo y formando un cuadrado de 40 cm (16 pulgadas) por 0,5 cm (0,8 pulgadas) de grosor.

- Cortar dos circunferencias de 20 cm (8 pulgadas). Levantar una de ellas con la espátula y colocar sobre una placa de hornear remojada antes con agua fría.

- Marcar un círculo sobre la otra circunferencia con un cortapastas de 10 cm (4 pulgadas) de diámetro (que luego servirá de tapa) e instalar sobre la otra, untada previamente con huevo batido y agua con un pincel. Bien unidos los dos discos, barnizar los bordes con un pincel mojado en el huevo batido y agua, cuidando que no caiga fuera de ellos, pues impediría subir al hojaldre. Hornear durante 25 min.

- Retirar una vez bien dorado, levantar la tapa con la punta de un cuchillo y quitar la masa poco cocida que queda en el hueco. Rellenar con la masa pastelera y adornar connata montada, fresas y arándanos.

Yemas

12 yemas
200 g (7 oz) de azúcar glas

- Disolver el azúcar en un cazo con agua. Llevar al fuego y, con el primer hervor, espumarlo y dejarlo cocer hasta que adquiera el punto de bola.

- Separar las claras de las yemas y pasarlas a un cuenco. Trabajarlas un poco con la batidora y mezclarlas lentamente con el azúcar sin dejar de revolver.

- Poner de nuevo toda la mezcla en el cazo donde coció el azúcar y dejarlo a fuego muy suave. Dejar cocer, removiendo de continuo con la espátula de madera. Deberá quedar dura al cocerse y estará en su punto cuando se desprenda con facilidad de las paredes del cazo.

- Adquirido este punto, retirarla del fuego y extenderla al instante sobre la encimera, dándole un espesor lo más delgado posible con el fin de enfriarla rápidamente, ya que de lo contrario suele volverse verdosa por el centro.

- Formar las bolitas, rebozarlas en azúcar glas, colocarlas en moldes de papel y trasladarlas al frigorífico para que endurezcan.

El punto de bola en el almíbar se alcanza cuando, al caer una gota de la cuchara con la que lo estamos revolviendo, la tomamos con los dedos mojados en agua fría y, al frotarla ligeramente entre los dedos, mojamos de nuevo en agua fría y se forma una bolita.

Índices

Índice general

Postres

Índice alfabético de recetas

TABLAS DE EQUIVALENCIAS

más usuales

PESO		CAPACIDAD (LÍQUIDOS)			LONGITUD	
Sistema métrico (gramo)	Sistema anglosajón (onza)	Mililitros	Onzas fluidas	Otros	Pulgadas	Centímetros
30 g	1 onza (oz)	5 ml		1 cucharadita	1 pulgada	2,54 cm
55 g	2 oz	15 ml		1 cucharada	5 pulgadas	12,70 cm
85 g	3 oz	30 ml	1 fl oz	2 cucharadas	10 pulgadas	25,40 cm
110 g	4 oz ($^1/4$ lb)	56 ml	2 fl oz		15 pulgadas	38,10 cm
140 g	5 oz	100 ml	$3^1/2$ fl oz		20 pulgadas	50,80 cm
170 g	6 oz	150 ml	5 fl oz	$^1/4$ pinta (1 gill)		
200 g	7 oz	190 ml	$6^1/2$ fl oz	$^1/3$ pinta		
225 g	8 oz ($^1/2$ lb)	200 ml	7 fl oz			
255 g	9 oz	250 ml	9 fl oz			
285 g	10 oz	290 ml	10 fl oz	$^1/2$ pinta		
310 g	11 oz	400 ml	14 fl oz			
340 g	12 oz ($^3/4$ lb)	425 ml	15 fl oz	$^3/4$ pinta		
400 g	14 oz	455 ml	16 fl oz	1 pinta EE UU		
425 g	15 oz	500 ml	17 fl oz			
450 g	16 oz (1 lb)	570 ml	20 fl oz	1 pinta		
900 g	2 lb	1 litro	35 fl oz	$1^3/4$ pinta		
1 kg	$2^1/4$ lb					
1,8 kg	4 lb					

ABREVIATURAS

g = gramo
kg = kilogramo
oz = onza
lb = libra
l = litro
dl = decilitro
ml = mililitro
cm = centímetro
fl oz = onza fluida
pulg. = pulgada
°F = Fahrenheit
cs = cucharada sopera
ct = cucharadita